Wilfred R. Bion
Raster und *Zäsur*
Zwei Abhandlungen

D1724090

Brandes
&Apsel

edition discord

Veröffentlichungen des Klein Seminars Salzburg
Herausgegeben von Karl und Ruth Mätzler
www.klein-seminar.at

Band 12

Wilfred R. Bion

Raster und *Zäsur*
Zwei Abhandlungen

Aus dem Englischen von Elisabeth Vorspohl

edition diskord im Brandes & Apsel Verlag

Erschienen unter dem Titel: *Two Papers: the grid and caesura.*
Karnac Books, London 1989
First published 1977 by Imago Editora Ltda, Rio de Janeiro.
© 1977 Wilfried R. Bion.
Published by arrangemant with Paterson Marsh Ltd and Francesca Bion

Diese Abhandlungen fassen die Vorträge zusammen, die Bion im April
1971 (The Grid) und im Juni 1975 (Caesura) in der Los Angeles Psycho-
analytic Society gehalten hat.

DTP: Franziska Gumprecht, Brandes & Apsel Verlag, Frankfurt a. M.
Umschlag unter Verwendung eines Bildes von W. R. Bion mit dem Titel
The Little Cottage, Norfolk, © Francesca Bion.
Druck: Impress, d.d., Printed in Slovenia.
Gedruckt auf säurefreiem, alterungsbeständigem und chlorfrei
gebleichtem Papier.

Bibliografische Information der Deutschen Nationalbibliothek:
Die Deutsche Nationalbibliothek verzeichnet diese Publikation in der
Deutschen Nationalbibliografie; detaillierte bibliografische
Daten sind im Internet über http://dnb.ddb.de abrufbar.

ISBN 978-3-86099-571-6

Inhalt

Raster

	Definitorische Hypothesen	ψ	Notation	Aufmerksamkeit	Untersuchung	Handeln	
	1	2	3	4	5	6	... n
A β-Elemente	A1	A2				A6	
B α-Elemente	B1	B2	B3	B4	B5	B6	... Bn
C Traumgedanken, Träume, Mythen	C1	C2	C3	C4	C5	C6	... Cn
D Präkonzeption	D1	D2	D3	D4	D5	D6	... Dn
E Konzeption	E1	E2	E3	E4	E5	E6	... En
F Konzept	F1	F2	F3	F4	F5	F6	... Fn
G Wissenschaftliches deduktives System		G2					
H Algebraischer Kalkül							

D er Raster ist ein Instrument für praktizierende Psychoanalytiker. Er soll nicht in der Arbeitssitzung verwendet werden.
Die linke vertikale Spalte führt verschiedene Kategorien auf,
denen Aussagen verschiedener Art zugeordnet werden können;
die jeweilige Kategorie gibt den Entwicklungsstatus der Aussage
an. Die horizontale Achse soll ungefähr anzeigen, welcher Gebrauch von der Aussage gemacht wird. Die Kombination der beiden Achsen sollte also eine Kategorie angeben, der wir umfassende Informationen über die Aussage entnehmen können. Ich
hielt es für nützlich, je eine Reihe für β- und α-Elemente einzu-
fügen; diese sind weder real, noch können sie beobachtet werden.
In der Reihe der β-Elemente können Elemente wie zum Beispiel
ein unvermittelter Schlag, der mit dem Denken zusammenhängt,
aber kein Gedanke ist, kategorisiert werden. Die nächste Reihe,
C, ist für Denkkategorien vorgesehen, die häufig in Gestalt sensorischer, zumeist visueller, Bilder ausgedrückt werden können,
wie sie in Träumen, Mythen, Narrationen und Halluzinationen
auftauchen. Diese Kategorie wird mit wachsender psychoanalytischer Erfahrung zweifellos erweitert werden müssen; mit Blick
auf den psychoanalytischen Gebrauch verdient sie bereits jetzt die
Ausgestaltung in Form eines »Rasters«.

Die Verwendung der übrigen Kategorien wird im weiteren Verlauf dieser Abhandlung klarer werden; vorab seien aber schon einmal die Reihen G und H erläutert. Man kann schwerlich behaupten, daß diese Reihen eine annähernde Entsprechung in der Realität hätten. G soll der Entwicklung psychoanalytischer Deduktionssysteme harren, H der Entsprechung algebraischer Systeme. Es steht – wie immer – zu hoffen, daß sie nicht voreilig entwickelt werden, denn eine verfrühte Entwicklung kann den Fortschritt genauso erschweren und behindern wie eine Postmaturität – die Blindheit für das, was bereits als Ressource für praktizierende oder theoretische Psychoanalytiker wahrgenommen werden könnte.

Reihe F ist eine Kategorie für Aussagen, Formulierungen, die bereits existieren. Ihr können psychoanalytische Theorien, wissenschaftliche, aber nicht analytische Theorien, sogenannte Naturgesetze und andere Konstrukte zugeordnet werden, die von verschiedenen Disziplinen als zumindest vorläufig akzeptable, genuine Versuche der Formulierung wissenschaftlicher Beobachtungen anerkannt werden.

Die horizontale Achse soll denselben Zweck in bezug auf den »Gebrauch« erfüllen. Die erste Spalte ist für definitorische Hypothesen vorgesehen; wie primitiv oder differenziert diese sind, zeigt die Reihe an, in die sie am besten zu passen scheinen. Hier ist festzuhalten, daß definitorische Hypothesen immer ein negatives Element voraussetzen. Wenn ich beispielsweise sage, daß das Thema der vorliegenden Abhandlung der Raster sei, bedeutet dies, daß die Abhandlung *nicht* das Kochen thematisiert oder die Meßtechnik usw. Gleichermaßen gilt: So unrichtig meine Behauptung sein mag und so offenkundig es für jemand anderen sein könnte, daß die Abhandlung die Meßtechnik (oder das Kochen oder irgend etwas anderes) zum Gegenstand hat – seine Formulierung ist für diese Diskussion genauso irrelevant wie für jede andere Diskussion, für die der Sprecher seine Definition formuliert hat. Ihre Unrichtigkeit oder Korrektheit ergibt sich aus ihrer Beziehung zu anderen Elementen des Schemas. Wenn demnach die Aussage:»Wir starten bei Sonnenaufgang«, eine definitorische Hypothese über die Stunde»unseres«Aufbruchs bildet, ist sie unanfechtbar; daß ein Astronom sie als astronomisch unrichtig oder ein Theologe sie als Zeichen der»Hybris«betrachten würde, tut der definitorischen Hypothese keinen Abbruch. Dies ist meine Definition einer definitorischen Hypothese, und solcherart definiert ist sie ein unabänderliches Gebot. Dies schließt indes nicht die Kritik aus, daß der Rest der Abhandlung und die verschiedenen Möglichkeiten, ihre einzelnen Elemente zu kategorisieren, mit der definitorischen Hypothese nicht vereinbar seien.

Spalte 2 hat insofern Ähnlichkeit mit Reihe C, als auch sie zu einem separaten»Raster«erweitert werden muß. Ursprünglich hatte ich sie für eine Serie von Kategorien offenkundig unwahrer Aussagen vorgesehen, und zwar nach Möglichkeit solcher, um deren Unrichtigkeit sowohl der Analysand als auch der Analytiker weiß; doch schon bald wurde deutlich, daß berücksichtigt werden muß, welchem Zweck die Lüge dient, und damit lag zugleich auf der Hand, daß das Wort»Lüge«die Voraussetzungen ungeklärt läßt und potentiell irreführend ist. Ich erinnere mich an ein persönliches Gespräch mit Melanie Klein, in dem sie sagte, daß es unmöglich sei, Lügner zu behandeln (sie hat diese Ansicht auch bei anderen Gelegenheiten geäußert). Weil der Psychoanalytiker darauf angewiesen ist, korrekt informiert zu werden, ist es für ihn – darin stimmte ich ihr zu – ein gewaltiges Handicap, gewohnheitsmäßig falsch informiert zu werden. Gleichwohl gab ich zu bedenken, daß sich in solch einem Vorgehen möglicherweise eine tiefe Störung zu erkennen gebe – im Laufe einer Analyse könnte sogar Kleins eigene Theorie der projektiven Identifizierung in Form einer Aneinanderreihung lügnerischer Aussagen formuliert werden. Es zeigte sich also, daß zwischen einer lügnerischen Aussage und einer unwahren Aussage unterschieden werden muß; die unwahre Aussage hängt eher mit der Unzulänglichkeit des Menschen, des Analytikers wie auch des Analysanden, zusammen, der sich nicht auf seine Fähigkeit verlassen kann, die »Wahrheit« zu erkennen, während der Lügner sich seiner Kenntnis der Wahrheit sicher sein muß, um nicht Gefahr zu laufen, versehentlich in sie hineinzustolpern. Kurz, es war klar, daß auch in diesem Fall der »Gebrauch«, der von einer Aussage gemacht wird, ausschlaggebend dafür ist, wie der praktizierende Psychoanalytiker das Material, das sich vor ihm entfaltet, einschätzt. Wir können das Problem vorerst hintanstellen und halten lediglich fest, daß die Spalte 2 für Elemente vorgesehen ist, die dem Analysanden als unwahr bekannt sind, aber Aussagen in sich bergen, die den Beginn einer jeden Entwicklung seiner Persönlichkeit, die eine katastrophische Veränderung mit sich brächte, erfolgreich verhindern können. An diesem nicht zufriedenstellenden Punkt müssen wir die Diskussion fürs erste abbrechen.

Die Spalten 3, 4, 5 sind relativ einfach; Spalte 3 kommt Freuds Vorstellung von Gedächtnis und Merken, wie er sie in seinem Beitrag »Formulierungen über die zwei Prinzipien des psychischen Geschehens« beschrieben hat, nahe. Spalte 4 kommt der gleichschwebenden Aufmerksamkeit näher, während Spalte 5 die eher auf dieses oder jenes spezifische Objekt gerichtete Aufmerksamkeit kategorisiert. Die Aufmerksamkeit des Psychoanalytikers, der sich konzentriert mit der Erstellung seines Stundenplans beschäftigt, gilt etwas Spezifischem; ebenso widmet ein Patient, der von Gefühlen des Mißtrauens beherrscht wird, seine Aufmerksamkeit bestimmten Personen oder Dingen. Man kann die Spalten 3, 4 und 5 der Einfachheit halber als ein Aufmerksamkeitsspektrum betrachten, das von Erinnerung und Wunsch über die schwebende, allgemeine Aufmerksamkeit bis zur Konzentration auf extreme Besonderheit reicht. Ein treffendes Beispiel ist die Erfahrung, die der Psychoanalytiker macht, wenn er sich auf Material konzentriert, das eine bestimmte Theorie zu bestätigen scheint, etwa die des Ödipuskomplexes; ein anderes Beispiel ist der Patient, der sein argwöhnisches Gefühl, bewundert zu werden, zu widerlegen oder zu bestätigen sucht.

Die Spalte 6 dient zur Kategorisierung von Gedanken, die eng mit dem Handeln zusammenhängen oder Transformationen in Handeln sind. Ebenso wie Reihe C und Spalte 2 läßt diese Kategorie sehr rasch deutlich werden, wie schwierig es ist, ein Instrument zu entwickeln, das einem Psychoanalytiker helfen könnte, seine Überlegungen zu seinen psychoanalytischen Problemen zu klären. Mir ging es darum, eine Kategorie für das Agieren [acting out] zu finden. Zuerst erschien mir die Spalte 6 hilfreich, doch schon bald wurde mir ihr Ungenügen vor Augen geführt. Ich kann sogar sagen, daß der gesamte Raster den Praxistest schon zu einem frühen Zeitpunkt nicht bestanden hat. Dennoch hat mir seine Anwendung dabei geholfen, mir eine kritische und gleichwohl Aufschluß gewährende, erhellende Einstellung zu meiner Arbeit zu bewahren. In dieser Hinsicht hat er sich für mich selbst als nützlich erwiesen, weswegen ich auf den Gedanken kam, daß es für andere vorteilhaft sein könnte, ein eigenes Rastersystem auszuarbeiten und anzuwenden; irgendwann wird vielleicht jemand ein in größerem Umfang annehmbares System entwickeln und davon ausgehend zur Bildung von Rastern fortschreiten, die sich für spezifische Arten von Schwierigkeiten, für verschiedene Disziplinen und vielleicht für verschiedene Nationalitäten eignen.

Die erste Schwierigkeit, die es zu klären gilt, betrifft die Beziehung zwischen Spalte 6 und Reihe a (β-Elemente). Meine Absicht war es, eine Kategorie einzuführen, die überhaupt kein Denken ist. Ebenso wie man sagen könnte, daß Descartes selbst es in seinem Verständnis des philosophischen Zweifels verabsäumt, die Notwendigkeit eines Denkers anzuzweifeln – ein Versäumnis, das nach meiner Überzeugung von den Psychoanalytikern zu korrigieren wäre –, sollten Psychoanalytiker die umgekehrte Möglichkeit einer Persönlichkeit ohne Gedanken, ohne Denken, in Erwägung ziehen. Jeder, der die Psychoanalyse praktiziert, weiß, daß Patienten häufig sagen, sie hätten »keine Gedanken« oder dächten »an nichts«. Die übliche Annahme, daß in dieser Situation Widerstände oder Verleugnungen am Werk sind, ist eine Theorie, die ihren Wert derart häufig bewiesen hat, daß es gelinde gesagt gefährlich wäre, ohne überzeugenden Beweis etwas anderes zu vermuten. Trotzdem bin ich sicher, daß der Psychoanalytiker zumindest bereit sein sollte, sich eines besseren belehren zu lassen. Die für β-Elemente vorgesehene Reihe läßt für solche Lehren – sollte es sich als nützlich erweisen, sie in Betracht zu ziehen – Raum. Im Gegensatz dazu kategorisiert die Spalte 6 etwas, das Denken ist, wenngleich ein Denken, das scheinbar unverzüglich in Handeln transformiert wird, oder ein, um Keats' Formulierung der negativen Fähigkeit umzukehren, »Handeln, das als Ersatz für Denken benutzt wird, und nicht ein Handeln, das als Vorspiel zum Denken benutzt wird«. Keats bezeichnet die Fähigkeit, Halbwahrheiten und Mysterien zu ertragen, bekanntlich als Voraussetzung für die Sprache, die im Gegensatz zum Denken als Handlungsersatz etwas zu vollbringen vermag. Diese Unterscheidung zwischen Reihe A und Spalte 6 kann meiner Ansicht nach die Beurteilung psychoanalytischer Erfahrung erleichtern, vorausgesetzt, sie wird nicht in der Sitzung benutzt, in der Analysand und Analytiker die Psychoanalyse praktizieren. Ebenso wie Reihe C könnten die Kategorien der Spalte 6 zu einem separaten Rastersystem ausgearbeitet werden. Hilfreicher als weitere Erklärungen wird es sein, zu zeigen, auf welch verschiedene Weisen ich selbst den Raster verwende.

Ich beschreibe zunächst mehrere wohlbekannte Beispiele für Konstrukte der Reihe C, die ich wegen ihrer Anschaulichkeit und

1   Bildhaftigkeit ausgewählt habe; das erste Beispiel ist *der Ödipusmythos*, auf den Freuds Wahl fiel. Weil er so bekannt ist, gehe ich nicht näher auf ihn ein, sondern betone lediglich die Rolle, die Teiresias und die Sphinx spielen – neben den Figuren, die für gewöhnlich als zentrale Elemente der Geschichte betrachtet werden, das heißt der alte König sowie seine Königin Jokaste und Ödipus.

2   Auf dem *Königlichen Friedhof zu Ur* wurde etwa 3500 v. Ch. der König bestattet. Soweit sich die Szene aufgrund der Ausgrabungen, die im Rahmen einer gemeinsamen Expedition des British Museum und des Museums der University of Pennsylvania durchgeführt wurden, rekonstruieren läßt, war eine zu einer speziell vorbereiteten Grube führende Prozession hochrangiger Persönlichkeiten des königlichen Hofs Teil der Zeremonie. Sie alle trugen prächtige Gewänder und kostbaren Schmuck und nahmen in der Grube ein giftiges Getränk zu sich, das sie betäubte. Man vermutet, daß es sich um Haschisch handelte. Sodann wurde die Grube, in der die betäubten Höflinge lagen, zur Begleitung von Musik mit Erde gefüllt.

Angelegt wurde dieser Friedhof auf der Müllhalde der Stadt. Man nahm vermutlich an, daß die an jenem Tag vollzogene Magie den Boden heiligen und folglich nicht allein den dort deponierten realen Abfall überlagern würde, sondern auch die – von uns nur zu mutmaßende – Auffassung, daß menschliche Überreste Abfall seien und der angemessene Ort für dessen Beseitigung die Müllkippe. Die Heiligung machte den Boden fortan für all jene begehrenswert, die einen Ruheort mit magischen Eigenschaften suchten, um sich ihrer eigenen Toten zu entledigen. Diese Vulgarisierung schmälerte das Ansehen der geheiligten Stätte und tat auch der Heiligkeit, die sie attraktiv gemacht hatte, im Laufe der Zeit Abbruch; schließlich waren weitere Begräbnisse wegen Überfüllung nicht mehr möglich, und der Ort wurde erneut seiner früheren Funktion zugeführt.

Etwa fünfhundert Jahre später fand an derselben Stätte eine Prozession anderer Art statt. Falls die Psychoanalyse keine Technik entwickelt, die der archäologischen analog ist, werden wir nicht erfahren, was in den Herzen und Köpfen jener Höflinge von Ur, der Stadt Abrahams, vorging, als sie in die Todesgrube stiegen, das Gift tranken und starben. Leichter läßt sich vielleicht erraten, was in den Köpfen der *Plünderer* vorging, die in der Dritten Dynastie dermaßen aktiv wurden. Fünfhundert Jahre waren damals keine lange Zeit; es ist unmöglich, daß von dem mentalen Klima, in dem jener prunkvolle Hofstaat dem König das Geleit gegeben hatte, rein gar nichts mehr übrig war und die Grabräuber keine Angst hatten, bei ihrem Abenteuer den Geistern der Verstorbenen zu begegnen. Der trauernde Hofstaat hatte Zeugnis von der Macht der Religion, der Rituale, der Magie und der Drogen abgelegt. Die Plünderer legten Zeugnis ab von der Macht des Profits, und wir sollten ihnen vielleicht einen hohen Rang im Pantheon der Wissenschaft zugestehen, nämlich als wissenschaftlichen Pionieren auf einem Gebiet, das gewöhnlich der Magie, der Religion und den Toten überlassen bleibt.

Diese Rekonstruktion stellt eine Transformation des archäologischen Berichts über die gemeinsame Expedition dar und soll als verbale Entsprechung von zwei visuellen Bildern dienen, nämlich dem Bild des Begräbnisses und dem der Plünderung. Der Einfachheit halber transformiere ich Begräbnis zu A, Plünderung zu B. Die beiden Bilder A und B sollen so verwendet werden, daß sie den gesamten Bereich repräsentieren, in dem Psychoanalytiker gewöhnlich denken und arbeiten. Die durch A und B repräsentierten visuellen Bilder verleihen den Elementen, aus denen sie bestehen, eine gewisse Starre und Unbeweglichkeit. Wenn wir die

3

Bilder Stück für Stück *auseinander*nehmen, werden die sie konstituierenden Elemente freigesetzt; die Muster zerfallen zu verstreuten Elementen, die man zu einem Muster zusammenfügen kann, so daß eine Ordnung auftaucht, wo zuvor keine Ordnung war. Zustande kommt diese Ordnung durch die Fakten, welche die Aufmerksamkeit wecken. Ich habe eine Ordnung hergestellt, indem ich eine zeitliche Kluft von fünfhundert Jahren eingeführt habe, die diese beiden Fakten auf eine relativ bedeutungshaltige Weise voneinander trennt: Es wurde eine Ordnung eingeführt, wiewohl sie dem, was bekannt ist, nichts wesentliches hinzuzufügen scheint. Das Faktum, das ich eingeführt habe, ist die Aufteilung der Elemente – zum einen in jene, die etwa 3500 v. Chr. stattfanden, und zum anderen in jene, die sich 3000 v. Chr. ereigneten. Die Trennung der Elemente, ihre Einteilung in zwei Kategorien oder Sets, die ich mit 3500 v. Chr. beziehungsweise 3000 v. Chr. kennzeichne, könnte den Elementen Bedeutung verleihen.

Diese Kategorisierung – die bewirkt wurde durch die Einführung einer Vorstellung von Zeit als Instrument, das die Separation und Selektion zustande bringt – führt zu folgender Überlegung: Wie stark muß die emotionale, kulturelle, religiöse Macht sein, die eine Gruppe von Menschen zu einer Handlungsweise veranlaßt, die ihnen den sicheren Tod bringt, ohne daß sich diese Menschen dadurch im geringsten beirren ließen? Gibt es heute irgendeine vergleichbare Macht, durch die eine Tatsache verschleiert oder verborgen wird, die ebenso gefährlich für uns ist und für unsere Nachkommen ebenso augenfällig sein wird wie das Sterben der in die Todesgrube schreitenden Männer und Frauen? In ähnlicher Weise kann ein Kind durch sein eigenes Verhalten sein Leben in Gefahr bringen. Haben wir recht, wenn wir ihm Unwissenheit unterstellen? Wäre es richtig anzunehmen, daß das Kind durch etwas Unbekanntes, etwas Dynamischeres als Unwissenheit, zu einer Handlungsweise veranlaßt wurde, die seinen sicheren Tod bedeutete? Läßt sich der Tod der Angehörigen des königlichen Hofes zu Ur mit der Unwissenheit der Kindheit der Rasse zur Genüge erklären? Oder gibt es eine Kraft, für die wir einen Namen – beispielsweise »Religion« – benötigen, weil »Unwissenheit« keine hinreichend dynamische Kraft bezeichnet oder benennt?

Sollten wir umgekehrt annehmen, daß in der Plünderergruppe von 3000 v. Chr. die Hoffnung auf Reichtum stärker war als die Angst vor den Mächten, die zu dem Todesmarsch des alten Hofes geführt hatten? Wie bereits erwähnt, war der zeitliche Abstand von fünfhundert Jahren damals kaum lang genug, um diese Ängste nennenswert zu lindern. Welchen Mut brauchte es, um solch todbringenden Mächten zu trotzen – oder war es gar nicht Mut, sondern lediglich die Liebe zum Gewinn? Wie erwarben die Räuber das Wissen, das es ihnen fünfhundert Jahre nach dem Ereignis ermöglichte, die Schächte exakt dort in die Erde zu treiben, wo sich das Grab der Königin befand? Haben sie einfach Glück gehabt? Sollten wir unsere religiöse Hierarchie als geistige Nachfahren der Priester von Ur betrachten? Sollten wir die Plünderer der Königsgräber als Pioniere der Wissenschaft betrachten, die ebenso wissenschaftlich waren, wie es unsere Wissenschaftler sind, und ihnen Denkmäler errichten? Oder sollten wir sagen, daß heutige Wissenschaftler es verdienen, wegen ihrer Habgier verunglimpft zu werden?

Die Mitglieder der A-Gruppe nahmen offenbar ein Betäubungsmittel – vermutlich Haschisch – zu sich, bevor sie lebendig begraben wurden. War dies die einzige Droge, oder gab es irgendeine andere und weit stärkere Kraft, die den Titel »Droge« eher verdiente und die ihre Wirkung schon vor dem Tod des Königs entfaltete?

Welche Droge wirkte in den Mitgliedern der B-Gruppe? War

es Neugier? Wichtig wird diese Frage, wenn wir die Feindseligkeit
4 berücksichtigen, die der Gottheit sowohl im Mythos vom *Garten
Eden* und Baum der Erkenntnis als auch im Mythos vom *Turm-*
5 *bau zu Babel* und der Bestrafung durch Sprachverwirrung zu-
geschrieben wird. Im Zusammenhang mit der Omnipotenz soll
dieser Punkt nebst weiteren ausführlicher diskutiert werden.

Die fünf – am Textrand numerierten – Geschichten lassen eine verbale Bildergalerie entstehen. Ergänzt um die wenigen Informationen, die ich meiner allgemeinen Lektüre entnehme, dienen
sie mir als Modelle für praktisch jeden Aspekt der emotionalen
Situationen, die ich in jenem Bereich wahrnehme, in dem sich
klinische Psychoanalyse und psychoanalytische Theorien über-
schneiden.

Den Rekonstruktionen von Ur liegen die Berichte Sir Leonard
Woolleys zugrunde: Meiner Ansicht nach beschreiben sie den gesamten emotionalen Bereich, mit dem sich Psychoanalytiker beschäftigen müssen, in einer romantisch primitiven und deshalb
verdichteten Sprache.[1]

Den fünf genannten Geschichten füge ich noch den *Tod des
Palinurus* hinzu (Vergil, *Äneis*, 5. Buch) [siehe unten, S. 43].

Religiöse Formulierungen, die zwischen Gut und Böse unterscheiden, haben nicht die Signifikanz des Prinzips der Unteilbar-
keit der einen Gottheit. Was die Praxis der Psychoanalyse betrifft,
so bin ich überzeugt, daß die emotionale Erfahrung als ein sich
ständig wandelndes Muster emotionaler Erfahrung wahrgenommen werden kann. Wenn der Psychoanalytiker seine Fähigkeit
weiterentwickelt, diese Erfahrungen intuitiv wahrzunehmen,
kann er erkennen, daß bestimmte Erfahrungen ständig mitein-

---

[1] Wenn Historiographen rekonstruieren, was Freud als historische
Wahrheit bezeichnet, müssen sie mangels einer psychoanalytischen
Geschichtswissenschaft die Personen außer acht lassen – Hamlet
ohne den Prinzen. Vgl. Sir Frederick Powicke, *The Lord Edward*.

ander zusammenhängen und daß diese konstanten Verbindungen als wiederholte Verbindungen erlebt werden. Solche konstanten Verbindungen geben sich dem Psychoanalytiker nach einer gewissen Zeit (vorausgesetzt, er verzichtet auf ein nervöses Suchen nach Gewißheit) als eine sensorische kaleidoskopische Veränderung zu erkennen; die sensorische Veränderung ähnelt Elementen der C-Kategorien, die unter seinen Modellen zu finden sind.

Mir ist bewußt, daß es den Anschein haben könnte, als wollte ich dem Psychoanalytiker empfehlen, sich intensivst mit den Elaborationen zu beschäftigen und diese dann mit seiner emotionalen Erfahrung in den Sitzungen abzugleichen. Genau das Gegenteil ist der Fall. Die eigene Analyse sollte es dem Psychoanalytiker weitgehend ermöglicht haben, sich seiner Erinnerung und seiner Wünsche zu entledigen. Die Formierung seines eigenen, persönlichen Satzes sensorischer Elemente der C-Kategorie – Mythen, Bilder und so weiter – erfolgt außerhalb der psychoanalytischen Sitzung, auch wenn sie genetisch mit den Arbeitssitzungen zusammenhängen kann. Sobald er diese Elemente der C-Kategorie formiert hat, spielt es keine Rolle mehr, wie oft und auf welch unterschiedliche Weise er sie re-formiert – vorausgesetzt, er bringt die Disziplin auf, sich der Erinnerungen und Wünsche und, sobald ihm dies möglich ist, auch seiner Tendenz, verstehen zu wollen, zu entledigen. Darwin beschrieb einen Aspekt dieser Disziplin, als er zu seiner Frau (wie diese im Anhang zu seiner Autobiographie kolportiert) sagte:»Logisches Denken ist ein fataler Fehler während der Beobachtung, aber ebenso notwendig vorher wie nützlich danach.«[2] Die Opazität des»Verstehens« und seine vom Psychoanalytiker angestrebte Plausibilität können den Blick

---

[2] Charles Darwin, *Mein Leben. 1809-1882.* Übers. von C. Krüger. Frankfurt am Main (Insel) 2008, S. 182.

auf die drohende Gefahr der Vorzeitigkeit und Übereiltheit verstellen.

Je gründlicher der Raster – oder ein effektiveres Instrument –
erforscht wird, desto deutlicher wird sich zeigen, daß der Psychoanalytiker seine Fähigkeit zum intuitiven Erahnen nicht nur entwickeln, sondern daß er sie auch instand halten muß, ähnlich wie
der Augenchirurg dafür zu sorgen hat, daß die feinen Muskeln
seiner Hände in optimalem Zustand bleiben. Es ist nutzlos, über
ein ganzes Arsenal von Theorien zu verfügen, wenn man nicht
für die Fakten, die es zu deuten gilt, sensibilisiert ist. Die klassi-
sche, die kleinianische oder andere Theorien bereiten in der Praxis keine Schwierigkeiten. Der Psychoanalytiker weiß um Freuds
Grundsatz, daß Dinge, die beobachtet werden, korrekt benannt
werden müssen. Wenn der Analytiker bestimmte Fakten beobachtet, ist er verpflichtet, das entsprechende Material in Worte zu
fassen; entsprechend gilt auch, daß er nicht berichten darf, was er
nicht sieht. Andernfalls macht er sich des Betrugs schuldig.

Ich möchte im Rahmen dieser Abhandlung einen Tatsachen-
bericht über einen ehemaligen Patienten geben, der seine Analy-
sesitzungen regelmäßig wahrnahm. Ich kategorisiere meine Dar-
stellung als einen recht elaborierten Bericht und kennzeichne ihn
deshalb mit F3. Der Mann hatte, soweit mir bekannt war, eine
erfolgreiche akademische Karriere gemacht und die Universität
schließlich verlassen, um als Forschungschemiker mit guten Aus-
sichten und einem sicheren Arbeitsplatz für ein Unternehmen zu
arbeiten. Eine Verwandte, die ihn bewunderte, wollte für das Ho-
norar aufkommen. Er hatte guten Kontakt zu psychoanalytischen
Kreisen und war offensichtlich auch über mich ein wenig informiert – wie gut, vermochte ich nicht zu beurteilen. Er legte sich
auf die Couch und verfiel in Schweigen. Ich wartete und fragte
ihn nach einigen Minuten, worüber er nachdenke. Er gab keine
Antwort. Nach weiteren Minuten des Schweigens wurde mir be-

wußt, daß er in Wahrheit keineswegs stumm blieb – er stotterte.

Natürlich hätte mir dies, so dachte ich, auffallen müssen; er hatte mir gesagt, daß er stotterte und daß das Stottern manchmal so stark sei, daß er vorübergehend kein Wort herausbringe. Ich hörte konzentriert zu. (Eine gerichtete Aufmerksamkeit, die ich folglich in Spalte 4, Reihe B? Reihe C? einordne.) Er atmete tief ein, hielt die Luft an, atmete aus und begann von neuem. Dabei schnappte er jedesmal kurz und heftig nach Luft und atmete dann ganz plötzlich wieder aus, wie in großer Erleichterung. Ich wußte nichts damit anzufangen. Wenig später verhielt er sich wieder ruhig.

Ich hatte, wie mir nach einer weiteren Pause klar wurde, in der Erwartung zugehört, daß er sprechen würde. Ich hatte aber nicht auf das gehört, was zu hören war. Zuerst klang es wie ein angestrengtes Pressen beim Stuhlgang. Abermals verfiel er in Schweigen, das dann von Geräuschen unterbrochen wurde, die wie ein Schlucken, vielleicht sogar wie ein Würgen klangen. Ich lenkte seine Aufmerksamkeit auf die Fakten und sagte, daß sie, wenn ich sämtliche Eindrücke außer den Geräuschen ignorierte, von Aktivität an beiden Enden seines Verdauungsapparats zeugen könnten. Er stimmte verbal zu, allerdings so, als setze sich sein »Stottern« fort; ich kann es am besten wie folgt beschreiben: Er stieß Luft aus:»Häh, häh, nur … häh … ein Problem … häh … häh … mit Ph … häh … höh … nation.« Ich sagte, daß er offenbar eine sarkastische Bemerkung über das mache, was stattfinde – sein »Stottern« und meine Deutung. Einen Moment lang bewegten sich seine Lippen lautlos, dann sagte er:»Ich glaube, Sie haben völlig recht.« Aus Angst vor weiteren Schwierigkeiten sprach er sehr hastig und verstummte abrupt, wie erschöpft.

Ich gehe davon aus, der Wahrheit mit diesem kurzen Bericht über einen Teil einer Sitzung so nahe gekommen zu sein, wie es mir möglich ist. Da ich mir in den Sitzungen und danach keine

Notizen mache, kann man selbstverständlich einwenden, daß der Bericht gar nicht zutreffend sein könne. Ich bin mir sicher, daß er der Wahrheit noch weniger entspräche, wenn man Vorrichtungen zur Aufzeichnung und Wiedergabe dessen, was man solcherart speichern möchte, erfunden hätte (F3). Aber ich habe meine Aufmerksamkeit für den Patienten bereits kategorisiert und gesagt, daß sie der Kategorie F4 entsprach. Entweder sind die Kategorien schlecht ausgearbeitet und den Anforderungen, die ich an den Raster zu stellen versuche, nicht gewachsen, oder ich habe das Material falsch eingeschätzt; wahrscheinlicher aber ist, daß sowohl die Kategorien als auch meine Einschätzung zutreffend sind. Jeder, der den Raster aus psychoanalytischen Gründen und auf seine wissenschaftliche, methodische Exaktheit hin überprüft, wird unzufrieden sein. Man darf von Menschen, die mit einer kaum hundert Jahre alten Methode diszipliniert zu arbeiten versuchen, nicht allzu viel erwarten. J. O. Wisdom hat Guntrips Versuch, in der Psychoanalyse methodische Standards zu setzen, kritisch, aber zu Recht anerkennend, gewürdigt. Weil ich keinerlei Verbesserungsvorschläge machen kann, stelle ich die unbefriedigenden Formulierungen hintan und tröste mich damit, daß ich der Versuchung widerstehe, aufgeregt »nach Fakten und Verstandesgründen« zu greifen, weil ich »das Ungewisse, die Mysterien, die Zweifel« nicht ertrage.

Das auffälligste Merkmal der Episode war die Entdeckung, wie intensiv mein Gefühl der Nutzlosigkeit und Wut wurde, als ich dasaß und darauf wartete, daß mir der Mann erzählen würde, was immer er wollte, während er in Wirklichkeit kein einziges Wort sagte. Auf diese Entdeckung folgte praktisch unmittelbar ein Staunen darüber, daß er offenbar nicht reden konnte – daß sein Stottern dermaßen hartnäckig war. Ich war nicht klüger als vorher und war auch der Formulierung einer Deutung, die die Wirkung gehabt hätte, die gute Deutungen meiner Meinung nach haben sollten, nicht näher gekommen. Einer meiner Kollegen erzählte mir einmal, daß er seinem Patienten völlig ergebnislos sämtliche Deutungen gegeben habe, die der Psychoanalyse bekannt seien. Dies war natürlich übertrieben, aber ich konnte seine Gefühle nachempfinden. Heute sind sie meine ständigen Begleiter, doch zwei Dinge helfen mir – erstens sind mir die Gefühle nicht mehr fremd, und zweitens lasse ich mich von dem Getöse dessen, was der Patient *nicht* sagt oder tut, nicht mehr so leicht taub machen. Die Gefahr besteht nicht darin, daß irgendeine mögliche, der Psychoanalyse bekannte Deutung dem überforderten Psychoanalytiker nicht bekannt ist, sondern daß er durch bestimmte Umstände, die ihm vorgaukeln, eine neue allgemeine Theorie entdeckt zu haben, so stark abgelenkt wird, daß er die Fakten nicht mehr beobachten kann. Obwohl ich mich mittlerweile seit vielen Jahren der Praxis der Psychoanalyse widme – was etwas anderes ist als das Sprechen über die Psychoanalyse –, überrascht es mich immer wieder, wie eklatant ich an dieser scheinbar einfachen und gleichwohl lohnenden Aufgabe scheitere. Es hat tatsächlich sehr lange gedauert, bis ich von der Notwendigkeit überzeugt war, mich meiner Erinnerungen und Wünsche zu entledigen; noch länger dauerte es, bis ich zu würdigen wußte, welch heimtückischen Einfluß das Bedürfnis zu verstehen auf die Beobachtung ausübt. Das Bedürfnis zu verstehen ist ein spezifisches Beispiel für Wünsche, die sich dem Psychoanalytiker aufdrängen und dann sehr leicht von ihm rationalisiert werden. Es ist auch nicht schwierig, bestimmte Besonderheiten zu nennen, die es für jeden Psychoanalytiker kompliziert machen können, diese Disziplin aufzubringen. Es läuft den Gepflogenheiten der üblichen medizinischen Praxis zuwider, eine solche Vielzahl scheinbar wichtiger Aspekte der Familien- und individuellen Geschichte nicht wahrzunehmen; überdies setzt sich der Psychoanalytiker, sollte etwas schiefgehen, dem Vorwurf der Fahrlässigkeit aus. Die Fülle an Material, das er im Kontakt mit der Persönlichkeit des Analysanden sammelt, macht es notwendig, das ständige Oszillieren von der paranoid-schizoiden zur depressiven Position zu tolerieren; ich halte es im übrigen für präziser, die Fluktuationen des Analytikers als ein Oszillieren zwischen Geduld und Sicherheit zu beschreiben.

Der Entschluß, mich von den Fakten über den Patienten, die ich nicht kannte, deren Kenntnis aber womöglich von mir erwartet wurde, nicht ablenken zu lassen, brachte mir eine bedeutende, wenn auch bisweilen mit schlechtem Gewissen einhergehende Erleichterung. Schon bald erweiterte ich das Verfahren auf meine gesamte Praxis – wie mir schien, immer gewinnbringend. Ich kann den Prozeß nicht detailliert beschreiben; was jedoch den Raster betrifft, so stellte ich fest, daß das Nachdenken, das notwendig war – um mich selbst von der Stichhaltigkeit meiner Einschätzung des Geschehens zu überzeugen, was mir nicht gelang, oder um den Raster als Instrument zu verbessern –, meine generellen Überlegungen sowie die Gedanken, die ich mir über den spezifischen Patienten machte, mit dessen Problem ich beschäftigt war, erheblich klärte. Ich bin mir dieser und anderer Vorteile erst nach und nach gewahr geworden. Aufgrund des graduellen Charakters dieses Fortschritts und der Unmerklichkeit, mit der er sich vollzieht, weiß ich kaum, wie ich Kollegen diese Art der Erfahrung vermitteln soll. Da man hinterher immer klüger ist, überrascht es mich, wie oft meine Bemühungen, mir Klarheit über mein Erleben zu verschaffen, eine scheinbar glänzende Idee produzierten, und wie oft die glänzende Idee in der Praxis keinerlei Entsprechung fand. Zuerst habe ich mich darüber geärgert und wollte das Material verfälschen, um es mit meiner Idee in Einklang zu bringen. Dieser Verstoß gegen meine eigenen Regeln brachte nichts ein und fühlte sich wie ein Betrug an. Mich von einem meiner Geistesprodukte zu verabschieden war jedesmal schmerzhaft und verlangte mir eine gewisse Tapferkeit ab. Bestärkt wurde ich in meinem Entschluß durch die Entdeckung, daß sich die glänzende Idee ähnlich verhielt wie ein Traum, der nicht nach und nach, sondern ganz abrupt restlos verschwindet. Etwa zur gleichen Zeit begriff ich, daß dieselbe Idee ebenso plötzlich und vollständig wieder zurückkehren konnte. Ich hoffte, daß die allein auf den Analysanden konzentrierte Aufmerksamkeit als Auslöser dienen würde, den vergessenen, doch hoffentlich brauchbaren Gedanken wiederzubeleben. Trotzdem ist es traurig, sich von den eigenen glänzenden Ideen zu verabschieden, noch bevor man herausfinden konnte, wie glänzend sie waren.

Ich möchte hier einige der Gedanken aufschreiben, zu denen mich diese und andere Sitzungen aus demselben Zeitraum angeregt haben. Dies ist weniger ein Bericht – also ein Vorgang, der in Spalte 3 zu kategorisieren wäre – als vielmehr eine Reverie *in der Gegenwart* über die Reverien, denen ich mich in jenen frühen Tagen der psychoanalytischen Praxis zu überlassen lernte. Durch meine eigene Analyse war die hinderliche Wirkung unbewußter Erinnerungen verringert worden; ich erwarb zwar neue Erinnerungen, die ich zumeist für die Theorien meiner Analytikerin hielt, doch hatten diese andere Auswirkungen als jene, die man gewöhnlich als Hemmungen bezeichnet; es mag zwar ungenauer sein, ist aber meiner Meinung nach ergiebiger, sie als Kategorien der Spalte 2 zu beschreiben – das heißt als psychoanalytische Objekte, die wegen ihrer Tendenz gefürchtet werden, Entwicklungen katastrophischer Art in Gang zu setzen oder »katastrophische Veränderung« herbeizuführen. Illustriert werden sie durch zwei Beschreibungen, die man unmöglich als psychoanalytisch bezeichnen kann.

Die erste Beschreibung stammt von dem Mathematiker Poincaré. Er beschreibt in seinem Werk *Wissenschaft und Methode* die psychischen Begleiterscheinungen, die mit der kreativen Ausarbeitung einer mathematischen Formel einhergehen. Ich werde die Passage nicht noch einmal zitieren, weil ich dies schon so oft getan habe, daß ihr die Gefahr droht, zu einer ritualisierten wissenschaftlichen Leerformel zu verkommen, mit der die Entwicklung von »gefährlichen Gedanken«, um es im Jargon moderner politischer Diktatoren auszudrücken, verhindert werden soll.

Die zweite Beschreibung entnehme ich der Autobiographie von Max Planck, der in diesem Zitat über eine Entdeckung berichtet, die ihm bei seiner Arbeit an der Quantenmechanik rein zufällig gelang: »Es gehört mit zu den schmerzlichsten Erfahrungen meines wissenschaftlichen Lebens, daß es mir nur selten, ja, ich möchte sagen, niemals gelungen ist, eine neue Behauptung, für deren Richtigkeit ich einen vollkommen zwingenden, aber nur theoretischen Beweis erbringen konnte, zur allgemeinen Anerkennung zu bringen. [...] Dabei hatte ich Gelegenheit, eine, wie ich glaube, bemerkenswerte Tatsache festzustellen. Eine neue wissenschaftliche Wahrheit pflegt sich nicht in der Weise durchzusetzen, daß ihre Gegner überzeugt werden und sich als belehrt erklären, sondern vielmehr dadurch, daß die Gegner allmählich aussterben und daß die heranwachsende Generation von vornherein mit der Wahrheit vertraut gemacht ist.«[3]

Nachdem ich im Laufe meiner Arbeit mit allen Mitgliedern meiner Praxis den obstruktiven Charakter der Präkonzeptionen entdeckt hatte, wurde die Analyse des Patienten lebensechter. Es spielte keine Rolle, ob die Präkonzeptionen dem entstammten, was ich bewußt und unbewußt aus meinem Kontakt zum Patienten aufgenommen hatte, ob es etwas war, das ich in einem anderen Kontext gehört hatte, oder ob es sich um irgendeine psychoanalytische Theorie handelte. Die Zunahme an Lebensechtheit

---

[3]   Max Planck, *Wissenschaftliche Selbstbiographie.* Leipzig (Johann Ambrosius Barth Verlag) 1948, S. 19, S. 22.

hing mit einer wachsenden Bereitschaft zusammen, Nonverbales wahrzunehmen. Als ich geübter darin wurde, bestimmte Erinnerungen und Wünsche zu ignorieren – oder, wie Freud es formulierte:»mich künstlich abzublenden« –, merkte ich, daß sich meine Aufmerksamkeit von den Sprechversuchen des Patienten nicht mehr so leicht fesseln ließ. Da lag er, prustend und furzend und an den Lippen saugend, und brachte kein einziges englisches Wort heraus. Hätte er über das Wissen verfügt, das man von einem Mann seines Alters erwartet, so würde ich seine Produktion als eine perfekte Symphonie primitiver Geräusche bezeichnen. Es war, hätte ich es nur früher begriffen, eine virtuose Aufführung. Eine Zeitlang gab ich Deutungen, denen meine Vorstellung zugrunde lag, daß die Geräusche von einem einzigen Mund produziert wurden, doch im Laufe meines täglichen Nachgrübelns – in den Situationen also, für die ich den Raster ausgearbeitet hatte – wurde mir bewußt, daß diese Vorstellung auf der Annahme beruhte, daß eine Persönlichkeit den sichtbaren anatomischen Strukturen der Person entspricht. In meiner Kindheit gab es einen Darsteller, den man als Ein-Mann-Orchester bezeichnete. Er war ausgestattet mit einem Arrangement aus Seilrollen, Schnüren, einer Trommel und einer Art Harmonium und konnte durch zackiges Anheben der Fersen und Wedeln der Arme sowie durch heftige und ruckartige Kopfbewegungen auf eine durchaus erträgliche Weise eine musikalische Aufführung imitieren, mit der Stirn die Trommel schlagen, mit dem Hinterkopf einen Klingelknopf betätigen und so weiter. Aus irgendeinem mir unverständlichen Grund war es mir verboten, diese Vorstellung anzusehen; man jagte mich jedesmal davon, so als handele es sich um ein unschickliches Spektakel. Daran erinnerte ich mich – ein weiteres Modell für den vorübergehenden Gebrauch –, als ich mich mit dem Patienten in Kontakt brachte. Nach einer Weile sagte ich, daß es klänge, als ob sein Mund, sein Anus, seine Kehle allesamt um Aufmerksamkeit rivalisierten und ein jeder Körperteil sich gegenüber den anderen durchsetzen wolle.»Fff ...«, antwortete er, und schließlich stieß er ein explosionsartiges »F.f.f. ... Ffphonation« hervor.»Es klingt«, sagte er flüssiger,»als ob sie untereinander auszumachen versuchten, wer das Sagen hat. Aber ...«, und erneut versagte die Sprache. Eine Weile lang wiederholte er Geräusche, an die ich mittlerweile gewöhnt war. Sie hatten ein sehr charakteristisches Muster, doch obwohl ich mir sicher war, daß es etwas Bestimmtem ähnelte, konnte ich noch immer keine weitere Deutung geben. Ich sagte: »Jeder dieser verschiedenen Körperteile scheint eine eigene Persönlichkeit zu besitzen, wie eine echte Person, und jeder scheint bestrebt zu sein, Ihre ›Phonation‹ zu benutzen.« »Als ob jeder versuchen würde, sich in den Besitz des Mikrofons zu bringen und es allen anderen wegzunehmen«, sagte er. Ich dachte an »innere Objekte« (F4), war aber nicht überzeugt, daß diese Theorie die Schwierigkeit erklärt hätte, die mir zuvor vage bewußt gewesen war, als ich davon sprach, was die Grenzen der Persönlichkeit markiert. Ich konnte mir nicht sicher sein, daß der Patient den Eindruck hatte, daß sich diese »Objekte« in seinem Innern befanden. Während er sprach, hätten sie ebensowohl »außerhalb« seiner selbst sein können. Ich fragte ihn, ob er den Eindruck habe, daß sie sich außerhalb befänden. Nun sprach er mühelos und flüssig über einen Kollegen, an dessen Intelligenz er große Zweifel hatte. Er sagte, er befürchte, mit ihm als Partner an einem explosiven Projekt zusammenarbeiten zu müssen, und das könnte sehr gefährlich werden. Früher einmal habe ein Mann in dem Labor eine Explosion verursacht, die sämtliche dort vorhandenen Glasgefäße zu sprengen schien. Sie hätten beide getötet werden können. Sein Kollege habe immerhin ein Auge verloren. Er wolle seine Augen behalten. Er schwieg; seine lange Rede hatte mich nicht wenig überrascht. Sie gab keinerlei Behinderung zu erkennen; auch der Äußerung einer Fülle an Deutungen, die mir in den Sinn kamen, schien nichts im Wege zu stehen. Hätte ich auch nur versucht, sie alle zu formulieren, so wäre ich selbst ins Stottern geraten. Ich sagte, daß er seine Angst zum Ausdruck bringe, sich einer Analyse bei einem Psychoanalytiker mit derart beschränkter Intelligenz unterziehen zu müssen. Verglichen mit Doktor X., einem sehr guten Analytiker, den er kannte, sei ich ungefähr so intelligent wie eine Flasche im Vergleich zu einer Brust.»Umgekehrt«, unterbrach er mich. Ich erwiderte, daß die Flasche seiner Meinung nach zumindest brauchbar sei, anders als der Mensch, mit dem er das Labor teile. Der Neid, mit dem die Augen den Geschlechtsverkehr betrachteten, habe zu einer explosiven Zerstörung des Auges und der Glasgefäße geführt. Er begann wieder zu stottern, und es fand keine weitere verbale Kommunikation statt. Bevor die Sitzung endete, fiel mir noch auf, daß seinen Lippen diesmal kein Geräusch entkam. Die Lippenbewegungen waren sehr ausgeprägt und höchst sonderbar. Soweit ich es von meiner Position aus sehen konnte, schienen die Mundmuskeln in einer Weise zu flimmern, wie ich es nur vom Herzmuskel bei den Herzmuskelverfettungen kannte. Ich konnte nicht erkennen, wie diese Wirkung hervorgerufen wurde. Obwohl ich diesem Patienten aus mehreren Gründen mißtraute und sehr aufmerksam darauf achtete, daß mir keine Symptome entgingen, habe ich dieses Symptom nie wieder an ihm beobachtet. Es führte mir aber die Notwendigkeit vor Augen, nach Transformationen von Persönlichkeitsproblemen in Systeme Ausschau zu halten, mit denen sie gewöhnlich nicht assoziiert sind. Insoweit man Entwicklungen der eigenen Sichtweise oder der des Analysanden auf bestimmte zentrale Vorgänge zurückführen kann (was, so meine Überzeugung, in Wahrheit unmöglich ist), entsteht eine bequeme Fiktion, die dafür benutzt werden kann, einen Teil der Diskussion von einem anderen abzutrennen.

Ich habe meine Überlegungen zu diesem und anderen Fällen,

die ich damals analysierte, ohne einen zeitlichen oder räumlichen Bezugsrahmen zusammengetragen. Ein Problem, das unlösbar erschien oder nur vermeintlich, durch Verknüpfung mit einer völlig ungenügenden Lösung, gelöst wurde, war das, mit dem uns der Lügner konfrontiert. Nachdem ich die Fabrikationen eines Menschen kennengelernt hatte, dessen Fähigkeit zu lügen derart berüchtigt war, daß er als pathologischer Lügner diagnostiziert wurde – eine Diagnose, die keine einzige Fragen beantwortet, aber besser handhabbar wird, wenn man sie als definitorische Hypothese (D, E, F1) betrachtet –, stellte ich fest, daß ich etwas respektieren mußte, das man, wäre er ein Romanschriftsteller gewesen, als großartige Vorstellungsgabe angesehen hätte. Schwieriger wurde die Situation, als es notwendig wurde, daß ich Beiträge verfaßte, Berichte schrieb und Lehrveranstaltungen durchführte. Welch eine Gabe, welch ein Segen wäre es gewesen, ein geborener Lügner zu sein! Kaum hatte ich diesen Gedanken gefaßt, wurde mir klar, daß ich den Mangel der einzigen Fähigkeit beklagte, die tatsächlich angeboren ist, auch wenn sie wie immer auf das Genie warten mußte, um sich voll und ganz entfalten zu können. In diesem Fall befreite das Genie oder der Gruppengenius, der die Sprache erfand, den Lügner aus seinen Fesseln. Dies machte mir ein Veterinärchirurg klar, der auf die Frage, ob es nicht ein großes Handicap sei, Patienten zu haben, die nicht sagen können, woran sie leiden, antwortete, daß diese Schwierigkeit wettgemacht werde durch die Tatsache, daß sie auch nicht lügen können. Mein Stotterer war mitunter in ebendieser Lage: Ihm fehlte die Gabe der Sprache. Und selbst wenn er reden konnte, wollte er um jeden Preis die Wahrheit sagen. Zuerst begriff ich nicht, unter welchem Handicap er litt, wenn er, was häufig der Fall war, ein privates Leben aufrechterhalten *und* eine Psychoanalyse haben wollte. Die hypothetische Annahme, daß die Täuschung als oberste Funktion Priorität besitzt, ist insofern hilfreich, als sie eine Möglichkeit unterstreicht, die man gewöhnlich übersieht. Tatsächlich beanspruche ich keinen anderen Wert für diese Überlegung als den, die Aufmerksamkeit auf eines der Probleme zu lenken, die der Psychoanalyse inhärent sind. Die Psychoanalyse hat die Kommunikation, nicht nur die verbale Kommunikation, als eine Methode zur wissenschaftlichen Untersuchung der Persönlichkeit konzeptualisiert. Man hat viele Untersuchungsmethoden – religiöse, juristische, philosophische – entwickelt, um die Wahrheit zu finden. Der Psychoanalyse war es bestimmt, die Hohlheit der Anmaßungen all dieser Disziplinen bloßzulegen. Wir müssen, soweit es möglich ist, eine Methode finden, mit der wir nicht in dieselbe Falle tappen. Gleich zu Anfang treffen wir auf eine Schwierigkeit – selbst wenn wir es könnten, würden wir uns nicht anmaßen vorzuschreiben, wie irgend jemand dazu gebracht werden kann, die Psychoanalyse einzig zu wissenschaftlichen Zwecken zu nutzen. Jeder hat die Freiheit, sich einer Ausbildung zu unterziehen und nach deren Abschluß seine Qualifikation zu dem von ihm gewählten Zweck zu benutzen. Der Analysand kann auf Handlungsweisen beharren, die zu seiner ursprünglichen Abweichung von der Gesundheit führten und unweigerlich auch jedes Wachstum, das durch die Psychoanalyse unterstützt werden könnte, zunichte machen werden. Der Patient, den ich für meine Diskussion ausgewählt habe, neigte aufgrund seiner Ausbildung, seiner Befähigung und seiner unbedingten Entschlossenheit in besonderem Maße dazu, seine Analyse durchzuführen, um seine wissenschaftliche Begabung zu entwickeln.

Ich beginne mit zwei scheinbar unterschiedlichen Lügnertypen. Den einen bezeichne ich als den »bezaubernden« Lügner, den anderen als den »bösartigen«. Die Begriffe haben den Vorteil, in der Alltagssprache geläufig zu sein. Normalerweise bleiben sie für Personen mit sehr unterschiedlichen Symptomen reserviert. Dieser oberflächliche Unterschied gibt seine Oberflächlichkeit meistens rasch zu erkennen. Charakteristisch für beide ist ihre soziale Signifikanz. Eine Formulierung, die erst jüngst in Gebrauch kam, zeigt sogar, daß beide psychischen Tendenzen in den höchsten Kreisen aktiv sind, und zwar in solchem Ausmaß, daß man einen beinahe wissenschaftlichen Begriff erfinden mußte, nämlich »die Glaubwürdigkeitslücke«. Der Hauptgrund, weshalb diese Tendenzen erkannt werden müssen, ist der, daß sie einen – um eine Anleihe bei der Biologie zu machen – toxischen Effekt auf die mentale Entwicklung ausüben. Ich spreche nicht nur von der individuellen mentalen Entwicklung, wenngleich dieser natürlich das Hauptinteresse des Psychoanalytikers gilt, sondern von der mentalen oder psychischen oder moralischen Entwicklung ganzer Gruppen. Hier ist nicht der angemessene Ort, um den Gruppenaspekt dieses Problems zu diskutieren, aber ich denke, daß Psychoanalytiker diese Erweiterung des Individuellen zu ihrem eigenen Schaden ignorieren. Aber ... warum stotterte mein Patient? Ich hätte zweifellos gezögert, ihn in eine der beiden genannten Kategorien einzuordnen. Er war auf eine angenehme Weise verschmitzt, er war freundlich und taktvoll. Ihm waren viele Grausamkeiten zugefügt worden, eine Tatsache, deren er sich nicht bewußt war und die auch ich allein vom Hörensagen kannte.

Im weiteren Analyseverlauf konnte ich das Stottern als Teil einer dramatischen Vorführung im Behandlungszimmer deuten, die von drei Personen getragen wurde. Das augenfälligste Trio bestand natürlich aus Vater, Mutter, Kind. Exakt repräsentiert werden konnte es nur in der realen Sitzung. Ich habe keine Möglichkeit gefunden, jemanden, der nicht dabei war, die Veränderungen zu vermitteln, die sich ständig in den Sitzungen insgesamt oder in einer einzelnen Sitzung vollzogen. Natürlich würden psychoanalytische Kollegen gern das entsprechende Material kennen; und natürlich würde ich ihnen das Material gern geben.

Aber der Gang der Zeit überzeugte mich davon, daß es für die Psychoanalyse keinen Ersatz gibt.

Das Folgende ist ein Versuch, die Richtung anzudeuten, in der man Material finden kann. Nehmen wir an, daß es dem Psychoanalytiker gelungen ist, sich von dem Gelärme des psychoanalytischen Bandenkriegs, den Zwängen der täglichen individuellen Überlebensschwierigkeiten, so weit zu befreien, daß es in seiner Praxis relativ ruhig zugeht. Der Mann, über den ich schreibe, war oft über sehr lange Zeiträume hin sprachlos. Wie bereits angedeutet, machten meine Präkonzeptionen – ich würde sie heute als meine psychoanalytischen und sonstigen Voreingenommenheiten bezeichnen – es für mich genauso schwierig wie für ihn selbst, dieses Schweigen auszuhalten. Als es mir besser gelang, meine Voreingenommenheiten verstummen zu lassen, konnte ich das Evidenzmaterial, das vorhanden war, wahrnehmen, statt innerlich über das nicht vorhandene Material zu klagen. Als sich meine Ohren an das Schweigen gewöhnten, wurden leise Geräusche besser hörbar. Dies erinnerte mich an eine Analogie, die Freud verwendete, als er schrieb, daß er sich künstlich abgeblendet habe, um noch den schwächsten Lichtschimmer in einer sehr dunklen Situation zu bündeln. Dies transformierte ich in die Analogie, daß das »künstliche Schweigen« wichtig sei, damit man sehr »schwache Geräusche« hören könne. Es funktionierte. Ich begann, Laute zu hören, die mir zuvor nicht aufgefallen waren.

Diese Erklärungen sollen die verbale Formulierung visueller Bilder demonstrieren. Das visuelle Bild hat, wie Film und Fernsehen zeigen, ein hohes laterales Kommunikationspotential. Verbale Kommunikation hat zumindest in ihrer schriftlichen Form je nach Haltbarkeitsdauer des Mediums ein höheres Überlebenspotential; dies bezeugen die homerischen Gedichte, der Gesetzestext des Hammurabi, Vergil und in jüngerer Zeit Shakespeare. Was die Phonation anlangt (man wird sich erinnern, daß mein Patient mit großer Genauigkeit und Präzision vokalisierte und diesen Begriff benutzte), so ist die Situation komplexer. Tacitus hat eine treffliche allgemeine Beschreibung der Funktion verfaßt, die der Barde bei den germanischen Stämmen erfüllte; er hat außerdem detailliert beschrieben, welche Rolle Percennius nach dem Tod des Kaisers Augustus spielte. Sollten Sie sich fragen, was dies mit der Psychoanalyse zu tun hat, so schlage ich Ihnen vor, Ihrer Neugier zu folgen und sich Aufzeichnungen der Reden anzuhören, die Hitler bei Massenversammlungen in Nürnberg hielt – ich konnte einige davon studieren, die ich von der British Broadcasting Corporation ausgeliehen hatte. Die emotionalen Kräfte, die zur Zeit des Tacitus aktiv waren, sind *noch immer* aktiv. Weil ich glücklicherweise kein Deutsch verstehe, wurde ich von der gesprochenen Sprache nicht so stark abgelenkt, daß ich die Phonation nicht hätte hören können oder mir der Beta-Elemente nicht bewußt gewesen wäre. Ich definiere diese als Elemente, die außerhalb des Spektrums des »Denkens« liegen.

Das Dilemma des Psychoanalytikers ist folgendes: Ich glaube ebensowenig wie jeder andere, der mit Männern unter Kampfbedingungen, mit Kriegsgefangenen oder Zivilisten in ähnlichen Streßsituationen engen Kontakt hatte, daß sich die Gefühle, die Männer und Frauen entweder als Individuen oder als Mitglieder einer Gruppe empfinden, verändert haben. Sie schlummern. Häufig werden sie von einer Zivilisationskruste verdeckt, die die darunterliegenden Kräfte vielleicht verschleiern, aber nicht verbergen kann. Manchmal wird dem Psychoanalytiker klar, daß die Grenzen der Person nicht der anatomischen Struktur der Person entsprechen. Wenn ich sie richtig verstanden habe, glaubte Melanie Klein nicht, daß an anscheinend gemeinschaftlichen Entwicklungen in einer Gruppe von Analysanden etwas Rätselhaftes sei, das nicht mit der Übertragungsbeziehung zum selben Analytiker erklärt werden könne. Ich denke, wir sollten aufgeschlossen bleiben. Ich halte es überhaupt nicht für notwendig, eine »außersensorische« Wahrnehmung zu postulieren, einen Herdentrieb, wie ihn Wilfred Trotter beschrieb, oder ein Gruppenunbewußtes, wie Jung es postulierte. Ich denke aber, daß es in der Persönlichkeit etwas geben könnte, das dem Kapillarblut analog ist; unter normalen Umständen ist es inaktiv, doch unter außergewöhnlichen Umständen, etwa bei einem chirurgischen Schock, können sich die Gefäße so stark ausdehnen, daß das Blut im Gewebe versickert. Die Analogie wäre eine solche Überstimulation der »Gruppenhaftigkeit« des Individuums, daß seine Fähigkeit zu bewußtem, differenziertem Verhalten in sein »Unbewußtes« versickert.

Freud spekulierte, daß Weismanns Theorie der individuellen Persönlichkeit als bloßer Anhang an das Keimplasma eine gewisse Stichhaltigkeit besitzen könnte.[4] Es gibt zweifellos Situationen, in denen sich die Analyse mit dem eigentlichen Thema nur am Rande zu beschäftigen scheint: Die Untersuchung wird fortgesetzt, aber man kann schwerlich davon ausgehen, daß das untersuchte Feld wirklich von Bedeutung ist; dennoch nimmt der Patient seine Termine wahr, auch wenn er über die Nutzlosigkeit des Verfahrens klagt. Seine Klagen lassen darauf schließen, daß er sich irgendeiner Beschäftigung bewußt ist, die nicht nutzlos ist. Wäre der Patient ein Kind, das zum Vater oder zur Mutter geht und fragt: »Was soll ich jetzt tun?«, könnte man die Sache leichter verstehen. Aber der Patient ist kein Kind, und der Psychoanalytiker gibt nicht vor, Lösungen für solche Probleme zu haben. Warum also verhält sich der Analysand so, als wäre er ein Kind? Es könnte sein, daß er sich entwickelt hat, daß der Psychoanalytiker sich entwickelt hat und daß die Probleme sich am allerschnellsten entwickelt haben – so schnell, daß sie der Psychoanalyse entwachsen sind. Das ist eine mögliche Vermutung, aber es gibt noch weitere.

---

[4]   Vgl. S. Freud (1915c), Triebe und Triebschicksale. *GW* Bd. X, S. 218.

Ich beschränke mich nicht auf eine »bevorzugte« Lösung. Freud war vielleicht auf dem Holzweg; für wahrscheinlicher halte ich es aber, daß der Mensch – selbst Freud – in der kurzen Zeit, die ihm zur Verfügung steht, nicht mehr tun kann, als an der Oberfläche zu kratzen. Möglich ist auch, daß die Ausbildung, die Lehre, sowohl allzu gut ist wie auch allzu schlecht. Sie ist so gut, daß es zur zweiten Natur wird, sich einen Experten zu suchen, um den Problemen auf den Grund zu gehen. Sie ist so schlecht, daß jede Initiative, jede Fähigkeit, etwas herauszufinden, zerstört werden. Das Problem, der Gegenstand der Neugier, muß symmetrisch angegangen werden. »›Allzu gut‹ und ›allzu schlecht‹« ist keine Konfliktformulierung; es ist eine Formulierung einer symmetrischen Beziehung, die im Bereich der Persönlichkeit der bifokalen Sicht im Bereich der visuellen Erforschung analog ist. Im Falle der Sinneswahrnehmung werden die Augen fokussiert, auf einen Punkt gerichtet, an dem sie »in eins fallen«. Der »Apparat« der Intuition läßt sich nicht mit den einfachen Worten beschreiben, die wir zur Formulierung einer homogenen Sinneswahrnehmung benutzen. Real und imaginär ergänzen einander nur dann, wenn sie nicht in eins fallen, wenn bekannt ist, daß zwei parallele Leben im Bereich der Sinneswahrnehmung in eins fallen, aber im Bereich der Persönlichkeit eine Symmetrie bilden.

Freuds nachträgliche Überlegungen zur Verwendung des Begriffs »Deutung« in Situationen, in denen es angebrachter wäre, von »Konstruktion« zu sprechen, sind zweifellos vereinbar mit meiner Idee – auch wenn ich sie schwerlich als deren Bestätigung betrachten kann –, daß Analytiker für bestimmte Zwecke, für die sie Deutungen benutzen, auf Konstruktionen angewiesen sind und daß diese Konstruktionen unverzichtbare Instrumente zum Aufzeigen einer Symmetrie sind. Eine sensorische Komponente dieses Apparates ist das visuelle Bild. Die von mir skizzierten C-Elemente unterscheiden sich von der Deutung, die gewöhnlich monovalent ist, während die Konstruktion (C-Element) polyvalent ist und schneller als die F- oder G-Formulierungen, aber nicht unbedingt schneller als die H-Formulierungen, falls und wenn sie entdeckt werden können. Diese Angelegenheit hat erhebliche praktische Konsequenzen, wenn sich der Psychoanalytiker mit primitivem Material auseinandersetzen muß. Der auf einer primitiven Ebene operierende Analysand kommt dem Agieren nach dem Prinzip »erst handeln, dann denken« nahe. Gewöhnlich verhält er sich in einer solchen Situation in der Beziehung zum Analytiker so, als ob ein extrem aktives, flexibles und flinkes Unbewußtes von einem langsamen, starren, schwerfälligen Bewußtsein verfolgt würde – um es in Worte zu fassen, die teils dem Bereich des Realen, teils dem des Imaginären entstammen.

Ich muß nun detaillierter auf ein Wort eingehen, das ich ebenso wie die meisten anderen Psychoanalytiker häufig benutze: Analogie. Ich habe eine Analogie benutzt, als ich schrieb, daß das Bewußtsein dem Unbewußten schwerfällig hinterher trotte. Ich tat dies stillschweigend, weil die Form [der Beziehung] als stumme Metapher verschleiert ist (enthüllt wird?); ihr Gebrauch ist verschleiert. Manchmal ist die Metapher sosehr Teil der Umgangssprache geworden, daß sie »tot« ist – es sei denn, sie wird, wie Fowler betont hat, durch die Nebeneinanderstellung mit einer anderen Metapher zum Leben erweckt, deren Ungeeignetheit, Nicht-Homogenität, sie wie elektrisiert erzittern läßt. Wie bereits erwähnt, kann Verwirrung entstehen, weil die Aufmerksamkeit auf die beiden in der Analogie benutzten Bilder gelenkt wird und nicht auf das, worauf es eigentlich ankommt, nämlich auf die Beziehung zwischen ihnen. Vaihinger hat die Beziehung, was nicht überrascht, zu einem philosophischen System zugespitzt. Freud sprach von diesem Beitrag in »Die Zukunft einer Illusion«. Was die Konstruktion, die polyvalente Waffe der Symmetrie, angeht, so bin ich der Meinung, daß wir die Zukunft einer Analogie zu untersuchen haben, die Zukunft einer »Illusion«, die Zukunft der »Übertragung« – der Name, mit dem Psychoanalytiker eine bestimmte Form einer intensiven Beziehung bezeichnen. Wenn man den Begriff spektrumsähnlich nach der zunehmenden Kraft der emotionalen Energie arrangieren könnte, erhielte man zum Beispiel die Sequenz Generation → Analogie → Übertragung → Wahn → Illusion → Gruppenillusion → Halluzination → Asymmetrie → Degeneration. Als Verankerung der Beziehung dienen C-Elemente – der Mund ist ein Anker, die Brust der zweite. Beide Begriffe wurden so behandelt, als ob sie die wesentlichen Bestandteile der Analogie wären. An ebendiesem Punkt trennt sich der Weg des Wachstums vom Weg des Verfalls. Die Brust und der Mund sind lediglich insoweit wichtig, als sie die Brücke zwischen beiden definieren. Wenn die »Anker« die Bedeutung usurpieren, die den Eigenschaften angehört, die sie der Brücke übertragen sollten, ist das Wachstum beeinträchtigt. Der stotternde Mann wurde »festgehalten«, weil er über die Bedeutung von Defäzieren, Urinieren, dem Mund als Objekt, das durch die Zunge sinnlich gratifiziert wird und umgekehrt, nicht hinausgehen konnte.

Die vom Psychoanalytiker formulierte Deutung oder Konstruktion beruht auf der intuitiven Verbindung zwischen Analysand und Analytiker. Weil diese ständig durch absichtliche Angriffe, durch die ihr eigene Zerbrechlichkeit und durch die normale Ermattung bedroht ist, muß sie geschützt und aktiv aufrechterhalten werden. Der Raster soll als Gerät für mentale Gymnastikübungen dienen. Er kann in Situationen benutzt werden, die vor Angriffen relativ geschützt sind, und richtet keinen Schaden an, solange der Analytiker dafür sorgt, daß das Instrument nicht in die analytische Beziehung eindringt, indem er sich zum Beispiel eine Theorie über den Patienten bildet, die er dann in petto hat, um sie irgendwann wie eine Rakete in einer Schlacht abzufeuern.

Was ich über die Funktion der Anker in einer Analogie gesagt habe, zeigt, wie scharf die Aufmerksamkeit sein muß. Unterstrichen wird dies durch bestimmte Patienten, die Signale lediglich auf einem sehr schmalen Wellenband senden und empfangen. Entweder ist die vom Analytiker gesendete Botschaft präzise auf den Wellenbereich eingestellt, oder sie wird nicht empfangen. In ähnlicher Weise muß die vom Analysanden gesendete Botschaft von dem Breitbandreceiver empfangen werden, wie ihn die Symmetrie repräsentiert. Ich habe dies in seiner ausgeprägtesten Form bei einem Musiker mit absolutem Gehör erlebt und außerdem bei einem Patienten, dessen Gesichtssinn es ihm unmöglich machte, die geringste Abweichung von dem, was er für die richtige Farbe hielt, zu ertragen.

Diese Fakten bedeuten, daß der Analytiker es nicht zulassen darf, sich lediglich auf das sprachlich zur Verfügung gestellte Evidenzmaterial zu beschränken, aber muß er sich auf die Kommunikation beschränken? Freud sagte, es sei besser, »symbolische Verkleidungen« zu meiden, aber wie verhält es sich mit symbolischen Offenbarungen? Sie könnten die einzige Art von Rezeption sein, der die Fähigkeit des Kindes gewachsen ist. Analysanden denken oft, daß sie sich eine Analyse leisten können. Wenn sich die Zahlen korrekt, den Regeln ihres religiösen Glaubens an die Omnipotenz des Geldes gehorchend, summieren, und wenn die Kraft der finanziellen Rituale, ihre Ängste zu kontrollieren, ihren Ängsten gewachsen ist, sitzen sie vielleicht dem Irrglauben auf, daß sie sich eine Psychoanalyse »leisten« können.

Freud zeigt, daß er zwar den Glauben an Gott für eine Illusion hält, aber nicht an der Realität der Illusion zweifelt. Die Illusion muß von Psychoanalytikern ernstgenommen werden. In diesem speziellen Bereich halte ich die *Deutung* (im Unterschied zur Konstruktion) der Omnipotenz für besonders unselig. Sie bagatellisiert die konstante Verbindung, das heißt die Realität, die häufig mit dem einzelnen Begriff »Omnipotenz« bezeichnet wird – und zwar gänzlich unangemessen; sogar seine symmetrische Version, nämlich »Omnipotenz – Hilflosigkeit«, ist unzulänglich. Die Geschichte des Palinurus (die wir nach dem Willen Vergils als Teil der Religion und nicht lediglich als episches Gedicht ernst nehmen sollten, so wie auch Milton *Das verlorene Paradies* nicht lediglich als eine Übung in künstlerischer Virtuosität betrachtete) ist eine bessere »Konstruktion« als jede »Deutung« oder jede Erfindung, um die verbundenen Elemente zusammenzuhalten, wenn es um »Omnipotenz« geht. Der Lügner verleiht seinen Omnipotenzphantasien Substanz, weil er, anders als beim Sprechen der Wahrheit, nicht lediglich berichtet – er tut etwas. Berichten, die Wahrheit sagen, ist bloß ein unbedeutendes Rädchen im großen Getriebe. Letztlich bedeutet dies, daß in der Persönlichkeit, die frustrationsintolerant ist und gleichzeitig über starken Ehrgeiz verfügt, die Gier tendenziell dominiert und das »Resultat« über die Gier dominiert. Der »Zweck« oder das »Ziel« oder »mutmaßliche Ziel« einer Aktivität führt zu Übereiltheit und Voreiligkeit. Es ist schwierig, das reale Leben zu akzeptieren, weil die Frustration ein wesentliches Merkmal des realen Lebens ist. Im Extremfall behindert sie die Entwicklung des Denkens. Die Denkfähigkeit, so schrieb Freud, bewirkt potentiell, daß das Denken zwischen einen Impuls und seine Umsetzung in Handeln geschoben wird, sie kann aber auch die von der Übersetzung des Denkens in Handeln untrennbare Frustration erträglicher machen. Die Verbindung »ehrgeizig – intolerant« kann sich dann selbst fortzeugen; durch Omnipotenz ersetztes Denken (das an der Realität nicht teilhat) tendiert somit dazu, die Frustration zu verstärken: es verwehrt der Persönlichkeit die Reduzierung der Frustration, die das Denken bewirken könnte, und drängt zu

Gewalttätigkeit wie Raub und Mord. Der vorzeitige Erwerb des mutmaßlich wertvollen Objekts bedeutet, daß selbst ein genuines Gut nicht zur Befriedigung benutzt werden kann, weil die Reife, die zur Transformation vom Potentiellen ins Reale notwendig ist, fehlt. Der Begriff »Omnipotenz« ist im Gegensatz zu einer »Konstruktion« wie der Geschichte des Palinurus allzu abstrakt, um eine Vorstellung von der Realität zu vermitteln, auf die der Psychoanalytiker die Aufmerksamkeit zu lenken versucht. Allmacht – Allwissenheit – Gott sind zusammen mit den symmetrischen Elementen Hilflosigkeit – Unverständnis – Agnostizismus die abstrakten Aussagen der Grundanordnung. Ich werde nun statt dieser abstrakten Begriffe die C-Version einführen, eine verbale Formulierung eines visuellen Bildes.

Der Tod des Palinurus

Nachdem Neptun den besorgten Vater, Äneas, beruhigt hat, nutzt die Flotte die Ruhe nach dem Sturm; sie hat Befehl, dem Kurs des von Palinurus gesteuerten Schiffes zu folgen.

Die Seeleute legen sich schlafen. Somnus erwählt sich Palinurus zum Opfer und beschert dem unbescholtenen Mann schlechte Träume. Als Phorbas verkleidet, begibt er sich zu ihm und gaukelt ihm vor, daß es an der Zeit sei zu schlafen, daß die See ruhig und ihrer Fahrt gewogen sei und daß er, Phorbas, derweil das Steuer übernehmen könne. Palinurus gibt eine sehr direkte und verächtliche Antwort, spottet über den Vorschlag, der Tücke des Meeres zum Trotz zu schlafen oder das Leben seines Kapitäns aufs Spiel zu setzen. Weder gibt er das Steuer aus der Hand, noch wendet er den Blick von den Sternen, die ihm den Kurs weisen.

Daraufhin besprengt ihn der Gott mit Lethetröpfchen und

schleudert ihn dann mit solcher Wucht ins Meer, daß Palinurus das Steuerruder, das er umklammert, mit sich reißt. Seine Kameraden hören seine Hilfeschreie nicht, und er ertrinkt.

Als Äneas entdeckt, daß das Schiff vom Kurs abweicht, ist er traurig über die Unfähigkeit des Palinurus und übernimmt selbst das Steuer.

Mit Hilfe dieses Modells kann der Analytiker nach den Vorgaben des Materials eine »Konstruktion« formulieren. Eine Deutung in dem Sinne, in dem Freud den Begriff verwirft, kann ein hilfreicher Auftakt sein, ein Vorspiel zur »Konstruktion«. Der symmetrische Charakter der Geschichte ermöglicht es, jedes beliebige Element als Vertex zu wählen, ohne daß sich der Wert der Funktion verändert. So könnte der Patient eine große Angst vor Drogen bekunden; dem Analytiker werden in dieser Geschichte mehrere Drogen zur Auswahl angeboten. Ein Patient könnte sich über ungerechte Behandlung beschweren wollen; auch in diesem Fall stehen dem Analytiker Elemente zur Wahl, auf die er seine Aufmerksamkeit konzentrieren kann. Mir geht es um folgendes: Die Geschichte erleichtert es, die Aufmerksamkeit auf die Tatsache zu lenken, daß bestimmte Elemente fest miteinander verknüpft sind. Ohne ein solches Modell könnte genau dies der Aufmerksamkeit entgehen. Die Kluft zwischen der Theorie und dem Patienten auf der Couch kann derart groß sein, daß keine Relevanz erkennbar ist; dies trifft vor allem bei zu hoher Theorielastigkeit zu. In gleicher Weise gilt: Wenn es nicht genügend C-Modelle gibt, kann das Fehlen einer Theorie bedeuten, daß die Struktur nicht stark genug ist, um die Last zu tragen, die ihr die Praxis aufbürdet.

Gravierende Unzulänglichkeiten weist die Psychoanalyse meiner Meinung nach in bezug auf Modelle (C) der Omnipotenz – Hilflosigkeit (F) auf. Infolgedessen werden die konstant miteinander verknüpften Elemente als isolierte Einheiten wahrgenommen, die nur bei seltenen Gelegenheiten Relevanz besitzen und in den häufiger vorkommenden Situationen, in denen sie eigentlich eine Reaktion auslösen sollten, keine Resonanz finden. Dieses Ungenügen ist möglicherweise weniger real als scheinbar. Wenn man die Mythen vom Garten Eden und vom Turmbau zu Babel als Modelle des Themas Omnipotenz – Hilflosigkeit benutzt und ihnen durch die Rätsel aufgebende Sphinx des Ödipus-Mythos zusätzlichen Nachdruck verleiht, ist das Ungenügen weniger gravierend. Die »Moralität« der Gottheit kann auch erweitert werden, wenn man die Ansichten, die im 2. Kapitel der *Baghavadgita* Ausdruck finden, mit berücksichtigt. Solche Modelle helfen dem Psychoanalytiker, die Kluft zwischen einer Theorie und dem Material, das in der psychoanalytischen Erfahrung manifest ist, zu überbrücken.

Ich setze voraus, daß der Psychoanalytiker die differenzierte theoretische Formulierung (F) und das Modell (C) als legitime Transformationen betrachtet, das heißt als Transformation von F in C und umgekehrt. Anders formuliert: Die psychoanalytische Erfahrung und die theoretische Formulierung enthalten Invarianten. Von der Richtigkeit dieser Annahme hängt die Genuinität der Psychoanalyse ab. Ich habe an anderer Stelle beschrieben, daß ein runder Teich und eine Baumallee auf dem Erdboden durch Projektion auf ein Stück Papier als Ellipse und als zwei konvergierende Linien dargestellt werden können. Kurz, diese beiden faktisch unterschiedlichen Objekte weisen Invarianten auf – den Teich und die Bäume und die Zeichnung. Welches sind die Invarianten, wenn ein Objekt aus den römischen Brunnen besteht und das andere aus der Partitur einer Komposition von Respighi?

Ich habe eine visualisierte Zusammenfassung von Vergils Bericht über den Tod des Palinurus formuliert. Welche Invarianten sind diesem Bericht und dem Stotterer auf der Couch gemeinsam? Welches sind die Regeln, die befolgt werden müssen, damit man davon ausgehen kann, daß der Analysand den Analytiker versteht und umgekehrt?

In der Welt der Physik läßt sich eine orchestrale Darbietung, die geeignete Technik vorausgesetzt, in drahtlose Wellen transformieren; diese können dann wieder zurücktransformiert werden, so daß ein anderer Mensch den Eindruck gewinnt, einer Orchesteraufführung zuzuhören. Kann ein moderner englischsprechender Mensch so ausgebildet werden, daß er die gedruckte Wiedergabe von Vergil, *Äneis*, Buch V, Zeilen 827-871, versteht? Kann eine entsprechend ausgebildete Person zwischen der lateinischen Formulierung und einer amerikanischen Fassung so vermitteln, daß zwischen dem lateinischen Epos und seinem Verständnis im Englischen gemeinsame Invarianten erhalten bleiben?

Ich kann diese Fragen nicht beantworten, selbst wenn ich es wollte. Ebensowenig ist, soweit ich sehe, der Raster dazu in der Lage. Doch ich habe festgestellt – und denke, daß es anderen ähnlich gehen könnte –, daß der Raster als mentales Klettergerüst dienen kann, auf dem der Psychoanalytiker seine mentalen Muskeln trainieren kann. Selbst die Unzulänglichkeiten des Rasters könnten sich dabei als Vorteil erweisen.

Ezra Pound wurde für seine Übersetzungen klassischer Texte, etwa seine *Homage to Sextus Propertius*, die *Analects of Confucius* und die *Classic Anthology*, heftig kritisiert. Es ließ sich leicht, vielleicht gar zu leicht, zeigen, daß Pound sich in seinen Übersetzungen aus dem Lateinischen gewisser Anfängerfehler schuldig gemacht hatte. Weil er ein Mensch ist, mangelt es ihm nicht an menschlichen Schwächen, die als Munition benutzt werden können – dem symmetrischen Ansatz entsprechen Verherrlichung einerseits und Schmähung andererseits. Der praktizierende Psychoanalytiker, der Porträtmaler, der Musiker, der Bildhauer – sie alle müssen die Wahrheit, die gewöhnlich häßlich ist und den Menschen, vor dem sie ausgebreitet wird, erschreckt, »sehen« und demonstrieren, damit auch andere sie sehen können. In gleicher Weise werden das Häßliche und das Erschreckende von demjenigen, dem sie dargeboten werden, häufig für identisch mit der Wahrheit gehalten.

ɸ Es braucht ein Genie, einen Faraday, um die Realität der Elektrizität zu demonstrieren, damit Menschen mit geringerer messianischer Fähigkeit soviel begreifen können, daß sie ein elektrisches Licht anzuschalten vermögen.

Es braucht einen Mystiker, um die Existenz Gottes zu demonstrieren, damit Menschen, denen diese Begabung fehlt, genug verstehen können, um zu wissen, wann und wie sie das entsprechende Ritual aktivieren und die richtige Magie zur Anwendung bringen können.

Es braucht einen Freud, um die Realität emotionaler Ressourcen solcherart nachzuweisen, daß Menschen, die diese Fähigkeit nicht besitzen, gleichwohl die Kommunikationen empfangen können, die die Ressourcen nachweisen und sie zugänglich machen.

Sogenannte wissenschaftliche Gesetze sind Vulgarisierungen dessen, was der wissenschaftliche Mystiker unmittelbar erfaßt. In vergleichbarer Weise sind religiöse Dogmen Vulgarisierungen dessen, was dem religiösen Mystiker direkt zugänglich ist.

Die Funktion des Establishments, des wissenschaftlichen wie auch des religiösen, besteht darin, den Mystiker vor Zerstörung und die Gruppe vor den zerstörerischen Auswirkungen des Mystikikers zu schützen. Der Raster soll – wie ein primitives Schema elektrischer Schalter, Kabel und so weiter – helfen, die Psychoanalyse davor zu bewahren,»in ihrer Kindheit« zerstört zu werden, und die Gruppe, die das Unglück hat, ein solch kräftiges Kind zu ihren Mitgliedern zu zählen, vor der Desintegration infolge der unkontrollierten und ungerichteten Vitalität des Kindes schützen. Kinder können ihre Umwelt nun einmal sowohl mit ihrer Kraft als auch mit ihrer Hilflosigkeit beeindrucken. ɸ

Die gesamte Beschreibung zwischen ɸ und ɸ bedient sich der

Vereinfachung durch Verbildlichung und ist deshalb eine nicht zu vermeidende Verzerrung der darzustellenden Fakten. Entweder wird die Beschreibung, so wie ein Großteil der Mathematik, ununterscheidbar von einer bedeutungslosen Manipulation von Symbolen, oder sie wird auf Kosten der Wissenschaftlichkeit psychisch leichter verdaulich. Die Psychoanalyse hat den Punkt, an dem sie ohne die Anwesenheit der Objekte, die demonstriert werden sollen, kommuniziert werden könnte, nicht erreicht. Kurz, das Objekt, für dessen Deutung die Konstruktion ausgearbeitet wird, muß zu dem Zeitpunkt, zu dem seine Anwesenheit durch die »Konstruktion« manifestiert werden soll, anwesend sein. Ein Mikroskopierer kann sein Mikroskop nicht konstruieren, während er hineinsieht – allerdings kann er seine Beobachtungskraft der Unvollkommenheit des Geräts anpassen. Der Raster soll im Prozeß dieser Vorbereitungsphase benutzt werden, nicht als Ersatz für Beobachtung oder Psychoanalyse, sondern als deren Vorspiel.

Zäsur

Textquellen*

Sigmund Freud, *Hemmung, Symptom und Angst*

Intrauterinleben und erste Kindheit sind weit mehr ein Kontinuum, als uns die auffällige Caesur des Geburtsaktes glauben läßt.[1]

Martin Buber, *Ich und Du*

Das vorgeburtliche Leben des Kindes ist eine reine naturhafte Verbundenheit, Zueinanderfließen, leibliche Wechselwirkung; wobei der Lebenshorizont des werdenden Wesens in einzigartiger Weise in den des tragenden eingezeichnet und doch auch wieder nicht ein gezeichnet erscheint; denn es ruht nicht im Schoß der Menschenmutter allein.[2]

Vivian Charles Walsh, Vorwort zu *Introduction to Contemporary Microeconomics*

Wenn man eine angeregte, geistreiche Diskussionen mit Freunden über aktuelle Themen verläßt […] um sich an die Arbeit zu machen

*   Bion verzichtet bei den folgenden Zitaten auf jegliche Quellenangaben. Sie wurden für die vorliegende Ausgabe ergänzt. [A. d. Ü.]

[1]   S. Freud (1926d), *Hemmung, Symptom und Angst* G.W., Bd. 14, S. 169.

[2]   Martin Buber (1923), *Ich und Du*. Stuttgart (Reclam), 1995, S. 25.

und für ein großes Publikum Einführungsvorträge über dasselbe Themen zusammenzustellen, fällt einem unter Umständen eine gewisse Eigentümlichkeit auf. Die zwei Welten scheinen rein gar nichts miteinander zu tun zu haben.[3]

Martin Buber, *Ich und Du*

Jedes werdende Menschenkind ruht, wie alles werdende Wesen, im Schoß der großen Mutter: der ungeschieden vorgestaltigen Urwelt. Von ihr auch löst es sich ins persönliche Leben, und nur noch in den dunkeln Stunden, da wir diesem entgleiten (das widerfährt freilich auch dem Gesunden Nacht um Nacht), sind wir ihr wieder nah. Aber jene Ablösung geschieht nicht, wie die von der leiblichen Mutter, plötzlich [...].[4]

Martin Buber, *Ich und Du*

Es ist aus der glühenden Finsternis des Chaos in die kühle, lichte Schöpfung getreten, aber es hat die noch nicht [...].[5]

Sigmund Freud, Brief an Lou Andreas-Salomé

Ich weiß, daß ich mich bei der Arbeit künstlich abgeblendet habe, um alles Licht auf die eine dunkle Stelle zu sammeln [...].[6]

---

[3] Vivian Charles Walsh (1969), »Preface« zu *Introduction to Contemporary Microeconomics*. New York (McGraw-Hill). Übersetzung: Elisabeth Vorspohl.

[4] Martin Buber (1923), *Ich und Du*. Stuttgart (Reclam), 1995, S. 25f.

[5] Martin Buber (1923), *Ich und Du*. Stuttgart (Reclam), 1995, S. 26. Der vollständige Satz lautet: »Es ist aus der glühenden Finsternis des Chaos in die kühle, lichte Schöpfung getreten, aber es hat die noch nicht, es muß sie erst recht eigentlich herausholen und sich zur Wirklichkeit machen, es muß sich seine Welt erschauen, erhorchen, ertasten, erbilden.« [A. d. Ü.]

[6] Brief vom 25. Mai 1916, in: Sigmund Freud (1960a [1873-1939], *Briefe 1873-1939*. Ausgew. und hg. v. Ernst und Lucie Freud. Frankfurt am Main (S. Fischer). 2., erw. Aufl., S. 327.

Johannes vom Kreuz, *Aufstieg auf den Berg Karmel*

Sodann muß sich auch das Erinnerungsvermögen von all diesen Formen und Arten des Wissens frei machen, um sich in der Hoffnung mit Gott zu vereinen.[7]

Sigmund Freud, Brief an Lou Andreas-Salomé

[...] auf Zusammenhang, Harmonie, Erhebung und alles, was Sie das Symbolische heißen, verzichtend [...].[8]

Martin Buber, *Ich und Du*

[...] im Mutterleib wisse der Mensch das All, in der Geburt vergesse er es.[9]

Johannes vom Kreuz, *Aufstieg auf den Berg Karmel*

[...] die Liebe, die die Erinnerung immer zu anderen Formen und Arten des Wissens hegt, die übernatürliche Dinge betreffen, etwa Visionen, Offenbarungen, innere Ansprachen und übernatürlich verursachte Gefühle. Wenn diese Dinge der Seele widerfahren sind, bleibt dem Menschen in der Seele oder in der Erinnerung oder in der Phantasie gewöhnlich ein Bild zurück, das manchmal sehr leb haft und eindrücklich ist. Auch in Bezug auf diese Bilder ist ein Rat hilfreich, damit sich die Erinnerung nicht mit ihnen belastet und sie nicht zum Hindernis werden für die Vereinigung mit Gott in ungeteilter, lauterer Hoffnung.[10]

---

[7] Um eine größtmögliche Nähe des Textes zu der von Bion benutzten englischen Fassung zu gewährleisten, wurde hier auf die Hinzuziehung einer deutschen Ausgabe des Werks von Johannes vom Kreuz verzichtet. Übersetzung aus dem Englischen: Elisabeth Vorspohl.

[8] Brief vom 25. Mai 1916, in: Sigmund Freud (1960a [1873-1939], *Briefe 1873-1939*. Ausgew. und hg. v. Ernst und Lucie Freud. Frankfurt am Main (S. Fischer). 2., erw. Aufl., S. 327f

[9] Martin Buber (1923), *Ich und Du*. Stuttgart (Reclam), 1995, S. 25.

[10] Siehe Anm. 7.

Die vorangestellten Zitate repräsentieren den Vertex der jeweiligen Disziplin. Sie entstammen unterschiedlichen Epochen und wurden in unterschiedlichen Sprachen verfaßt. Sie umreißen das Diskursuniversum des vorliegenden Beitrags.

Die Psychoanalyse widmet sich dem Bereich der Ideen; er umfaßt Gedanken und Gefühle jeder Art. Wiewohl man diesen Bereich als begrenzt bezeichnen könnte, als eine begrenzte menschliche Aktivität, sind seine Ausdehnungen gewaltig, wenn man *sämtliche* Gedanken, Gefühle und Ideen berücksichtigt, die im Laufe unserer Arbeit an uns herangetragen werden. In den Naturwissenschaften beschäftigt sich der Mensch mit Materie; Psychoanalytiker beschäftigen sich mit Charakteren, Persönlichkeiten, Gedanken, Ideen und Gefühlen. Doch unabhängig von der Disziplin gibt es eine primitive, fundamentale, unveränderliche und basale Richtschnur – die Wahrheit. »Was ist Wahrheit?« fragt Pontius Pilatus bei Francis Bacon spöttisch und erwartet gar keine Antwort. *Wir* können wahrscheinlich auf keine Antwort warten, weil uns die Zeit fehlt. Gleichwohl geht es uns – unausweichlich und unvermeidlich – um nichts anderes, als um diese Frage, selbst wenn wir keine Vorstellung davon haben, was wahr ist und was nicht. Weil wir mit menschlichen Charakteren zu tun haben, haben wir auch mit Lügen zu tun, mit Täuschungen, Ausflüchten, Fiktionen, Phantasien, Visionen, Halluzinationen – diese Liste läßt sich praktisch beliebig verlängern.

In unseren Beziehungen zu Analysanden ist die Zeit begrenzt; Entscheidungen sind unvermeidlich. Welche von all den möglichen korrekten Deutungen sollen wir tatsächlich formulieren? Die Freiheit des Analytikers ist zwar groß, doch zugleich begrenzt; sie hat zumindest eine Grenze, nämlich die, wahrhaftig zu sein, das heißt eine wahrheitsgemäße Deutung zu geben. Eine entsprechende Grenze ist dem Analysanden gesetzt, wenn sein

Behandlungswunsch aufrichtig ist – seine freien Assoziationen sollten dem, was er für die Wahrheit hält, möglichst nahe kommen. Unter Umständen kann der Verlauf des Gesprächs zwischen Analytiker und Analysand es besser ermöglichen, den Grad der Wahrheit oder Unwahrheit einer zur Untersuchung stehenden Idee zu beurteilen. Aber soll man ein Gefühl als »eine Idee« bezeichnen? Es ist eine Frage der Definition, doch aus dem Gebiet, das wir zu sondieren haben, können wir Gefühle ebensowenig verbannen wie Ideen.

Der Embryologe spricht von »Augengruben« und »Ohrengruben«. Können wir uns als Psychoanalytiker vorstellen, daß im menschlichen Geist – analog zum Körper – im Bereich des Sehvermögens Rudimente überlebt haben, die darauf schließen lassen, daß es einst Augengruben gab, oder im Bereich des Hörens Rudimente, die darauf verweisen, daß es einst Ohrengruben gab? Läßt irgendein Teil des menschlichen Geistes nach wie vor Hinweise auf eine »embryologische« – visuelle oder auditive – Intuition erkennen?

Man könnte dies als eine rein akademische und unwichtige Angelegenheit betrachten – sofern wir nicht glauben, daß an Freuds Vermutung eines Zusammenhangs zwischen dem postnatalen Denken und Gefühlsleben und dem pränatalen Leben etwas Wahres dran sein könnte. Um die Frage der Einfachheit halber zuzuspitzen: Sollen wir annehmen, daß der Fötus denkt oder fühlt oder sieht oder hört? Falls es sich so verhält: Wie primitiv können diese Gedanken oder Gefühle oder Vorstellungen sein?

Mitunter ereignen sich Dinge im Behandlungszimmer, in dem außer mir lediglich ein erwachsener Mann oder eine Frau anwesend ist, die Gefühle suggerieren, die ich als Neid, Liebe, Hass, Sexualität beschreiben könnte, die aber von intensiver und ungestalter Natur zu sein scheinen. Ich halte es für praktisch, meine Gefühle in bezug auf bestimmte Vorgänge dieser Art mit Hilfe physiologischer und anatomischer Begriffe zu bezeichnen und bestimmte Gefühle, die der Patient zum Ausdruck bringt, als subthalamisch oder sympathisch oder parasympathisch zu charakterisieren. Es gibt Situationen, in denen der Patient beiläufig und diskret eine Angst, Befürchtung oder ein Symptom (zum Beispiel Erröten) erwähnt; gleichwohl läßt die Art seiner Äußerung vermuten, daß der Patient indirekte und vage Worte wählt, weil er keine bessere Möglichkeit hat, um Gefühle auszudrücken, die im Gegensatz zu Gefühlen, die von den meisten Menschen als normal betrachtet werden, aufgrund ihrer Intensität, ihrer Größenordnung oder Wucht Angst auslösen. In ähnlicher Weise äußert der Patient unter Umständen Befürchtungen vor einer Zukunft, die viele Eigenschaften einer Vergangenheit besitzt, von der man annimmt, daß er sich unmöglich an sie erinnern kann. Und ebensowenig kann er sich an die Zukunft erinnern, denn sie hat noch nicht stattgefunden. Diese Dinge können, so vage sie auch ausgedrückt werden, in Wirklichkeit ungemein eindrücklich sein. Ich kann mir vorstellen, daß es für bestimmte Ideen keinen stärkeren Ausdruck gibt, weil sie in der noch nicht geschehenen Zukunft oder in der Vergangenheit begraben liegen, die vergessen wurde – Ideen, von denen man schwerlich sagen kann, daß sie Teil dessen sind, was wir als »Denken« bezeichnen. Wenn Sie Druck auf Ihren Augapfel ausüben, werden Sie in Reaktion auf diesen physischen Druck etwas sehen, das anscheinend nur eine Reaktion des Sehapparats sein kann. Wenn es sich so verhält, dann wäre es möglich, daß die Augengruben bereits vor der einschneidenden Zäsur der Geburt auf Druck reagieren. Unter dem Blickwinkel des Analytikers kann die Tatsache, daß der Analysand ein erwachsener Mensch ist, derart obtrusiv sein – das heißt, die visuelle Evidenz kann derart obtrusiv sein –, daß sie den Analytiker für Gefühle blind macht, die sich dem Sehapparat weniger klar erkennbar präsentieren.

Wir sollten jeden Versuch einer Klassifizierung des Materials, mit dem wir es zu tun haben, als provisorisch oder vorläufig betrachten; das heißt, als Teil eines Prozesses, der von einem Gedanken oder einer Idee oder Position zum nächsten Gedanken, zur nächsten Idee, zur nächsten Position führt – und nicht als etwas Dauerhaftes, als Haltepunkt, an dem die Untersuchung abgeschlossen ist. Wenn der Analytiker nicht sicher sagen kann, was sich ihm aufdrängt, hat er eine Intuition, für die er keinerlei Konzept besitzt – diese Intuition könnte man als »blind« bezeichnen. Jedes Konzept, zum Beispiel das der projektiven Identifizierung, ist leer, wenn es keinen Inhalt hat. Das Problem des praktizierenden Analytikers besteht darin, für seine vage Ahnung, für seine Intuition oder seinen Verdacht eine Formulierung zu finden, eine konzeptuelle Aussage. Dies muß geschehen, *bevor* er eine Deutung geben kann. Die Rolle des Analytikers impliziert, anders formuliert, zwangsläufig die Verwendung von transitorischen Ideen oder Ideen im Übergang. In vergleichbarer Weise versucht der Analysand, mit Hilfe seiner freien Assoziationen eine Erfahrung zu formulieren, deren er sich bewußt ist.

Wie die Dinge zur Zeit liegen, setzt das Geben einer Deutung voraus, daß der Analytiker imstande ist, eine Aussage über seine Sinne, seine Intuitionen und seine primitiven Reaktionen auf das, was der Patient sagt, zu formulieren. Diese Aussage muß eine Wirkung erzielen, so wie ein physischer Akt eine Wirkung erzielt. Die Schwierigkeiten des Analysanden, die ohnehin schon groß genug sind, werden zusätzlich dadurch verstärkt, daß dem, was er tun kann, enge Grenzen gesetzt sind, selbst wenn er frei zu assoziieren vermag. Wir müssen Grenzen setzen; der Analytiker könnte nicht arbeiten, stünde es dem Analysanden frei, zu körperlicher Gewalt zu greifen. Wenn ein Patient mit Schußwaffen erscheint, muß sich der Analytiker auf seine physische Wachheit verlassen können, um mit dieser potentiell gefährlichen Situation fertigzuwerden. Sie ist weniger bedenklich, wenn der Patient statt des Gewehrs ein Musikinstrument mitbringt – wiewohl manche Musikinstrumente die Deutungen des Analytikers übertönen können. Ein Instrument, das in aller Regel zur Verfügung steht, ist die Fähigkeit zu schreien. Ich habe anderenorts den ausgebildeten Sänger erwähnt, der eine analytische Sitzung für den Analytiker zu einer schmerzhaften Angelegenheit machen kann, weil er auf eine Weise zu schreien imstande ist, die weniger begabten oder weniger gut ausgebildeten Menschen verwehrt bleibt.

Was sollen wir von dem Patienten halten, der nicht auf der Couch liegen möchte? Ist es möglich, daß das Liegen auf der Couch ihn einem physischen Druck aussetzt, der für ihn unerträglich ist oder den er nicht verbalisieren oder »verstehen« kann? Der Analytiker kann die »Aublicke«, die ein Fötus »sehen« könnte, wenn Druck auf die Augengruben ausgeübt würde, nicht deuten. Dies ist ein Gegenstand, den der Analytiker im Laufe einer Psychoanalyse, die ihm Gelegenheit zu eingehendem und ausgedehntem Kontakt mit seinen Patienten bietet, erforscht. Wenn er darüber hinaus unterschiedliche Erfahrungen mit unterschiedlichen Beobachtern diskutieren kann, besteht die Chance zu klären, was gemeinhin beobachtet wird. Dies ist eine der Rechtfertigungen für die Existenz analytischer Fachgesellschaften.

Bestimmte Schwierigkeiten sind denen, die mit der Zäsur der Geburt zusammenhängen, analog. Eine ähnliche Zäsur scheint zwischen dem Bewohner, sagen wir, des Ostens und des Westens zu bestehen. Einige dieser Ähnlichkeiten/Unterschiede sind, vor allem in zeitlicher Hinsicht, spektakulär; die Mystiker benutzen auffallend ähnliche Worte und Formulierungen, obwohl sie mitunter durch viele Hunderte von Jahre voneinander getrennt sind. Wie kann man dieses Hindernis, diese Zäsur der Geburt, überwinden? Ist überhaupt eine Kommunikationsmethode denkbar, die derart »penetrierend« wäre, daß sie diese Zäsur überwinden und, vom postnatalen bewußten Denken ausgehend, ins Prämentale »eindringen« könnte, in dem Gedanken und Vorstellungen eine Entsprechung in psychischen »Zeiten« oder »Schichten« haben, in denen sie keine Gedanken oder Ideen sind? Diese Penetration muß in beide Richtungen erfolgen können. Man kann dies auf einfache Weise bildlich ausdrücken: Das Innere der Frau kann entweder von innen nach außen, wie bei der Geburt, oder von außen nach innen, wie beim Geschlechtsverkehr, penetriert werden. Diese bildlichen Formulierungen sind primitiv und allgemein; sie können derart allgemein sein, daß es schwierig ist zu sehen, was in einem spezifischen Moment gesagt werden muß – ebendies ist das Problem des Analytikers. Man kann nicht in die Kindheit oder ins Säuglingsalter zurückkehren – auch wenn die Worte, mit denen wir darüber sprechen, dies nahelegen. Wir sind auf eine Formulierungsmethode angewiesen, mit deren Hilfe wir die Barriere in der Gegenwart überwinden können.

Wenn, wie ich denke, unser ständiges Problem darin besteht, Entscheidungen treffen zu müssen, kommt auch die Hemmung ins Spiel. Denn wenn ich eine Deutung geben möchte, muß ich andere Deutungen hemmen, die zu geben ich mich *nicht* entscheide. Dies ist normalerweise recht einfach, weil die Entscheidung zwischen einer Reihe bewußter Ideen zu treffen ist; es ist nicht einfach, wenn die Hemmung eine pathologische Qualität hat, welche die bewußte Beschäftigung mit einer unwillkommenen Idee erschwert. Entscheidungen implizieren etwas, das manche von uns als »Spaltung« bezeichnen; unter Umständen kommen vier oder fünf mögliche Deutungen in Betracht. Die menschliche Persönlichkeit ist ein Ganzes; um verschiedene mögliche Ideen oder Deutungen zu formulieren, müssen wir diese Persönlichkeit spalten. Ebendies bezeichne ich als nicht-pathologische Spaltung. Wir müssen zudem eine Methode finden, mit deren Hilfe wir jene spezifischen Deutungen sortieren können, bevor wir klären, welcher wir den Vorrang geben. Dies muß auf eine Art und Weise geschehen, die etwas anderes ist als das Sprechen darüber – das »Tun« muß schneller sein. Die Deutung muß im richtigen Moment gegeben werden; deshalb ist es notwendig, daß diese nichtpathologische Spaltung, das Sortieren dieser Spaltungen und die Wahl der Formulierung Teil einer rasch und geübt funktionierenden Auffassungs- und Entscheidungsfähigkeit werden.

Der Analytiker ist zum einen auf das beschränkt, was ihm an eigener Lebenserfahrung zur Verfügung steht, und zum anderen auf das, was er für die Fakten hält, die sich in seiner Anwesenheit entfalten. In der psychoanalytischen Praxis hat der Analytiker den Vorteil, daß der Analysand anwesend ist. Was geschehen wird, ist völlig offen; wir wissen nicht, was der Analysand sagen oder tun wird, um sich selbst und seinen Charakter auszudrükken. Der Analytiker ist auf die Fakten angewiesen, die ihm zugänglich werden, während der Patient bei ihm ist und von ihm beobachtet werden kann. Der Analytiker kann nicht wissen, was der Patient außerhalb der Sitzung tut; Informationen vom Hörensagen sind trügerisch und besitzen im Vergleich zum direkt beobachteten Material einen nur geringen Wert.

Säuglinge können auf bestimmte Stimuli eine Schreckreaktion zeigen. Andererseits gibt es Stimuli, die uns als Erwachsenen stärker auffallen, die aber vom Säugling gar nicht beachtet werden. Babys auf der Entbindungsstation geben durch nichts zu erkennen, daß sie das Zuschlagen einer Tür registrieren, obwohl der Knall dem erwachsenen Beobachter in die Glieder fährt. In ähnlicher Weise findet der Analytiker in der Analyse Gelegenheit, bestimmte »geringfügige« Reaktionen zu beobachten, die gleichwohl wichtig sein können, weshalb er den Patienten auf sie aufmerksam machen sollte. Diese unerheblichen Bewegungen oder Geräusche lassen sich deutlich bei dem Patienten beobachten, der im Grunde wenig oder gar nichts sagt; sie heben sich von dem vorherrschenden Schweigen ab. Erfahrungen dieser Art lassen sich einem Außenstehenden nur schwer vermitteln; dies ist eines der Kommunikationsprobleme unter Kollegen, denen die Erfahrung, die der Analytiker mit einem *bestimmten* Analysanden macht, trotz ihrer eigenen analytischen Erfahrung nicht bekannt sein kann. Fachbegriffe – »autistisches Kind«, »psychotisch« oder »Borderline« – sind nicht sonderlich hilfreich, weil die Erfahrung in einer Analyse subtiler ist, sich aus vielen Details zusammensetzt und nur schwer in diese groben Kategorien aufgeteilt werden kann, die wir der medizinischen Praxis, den vorhandenen Philosophien oder analytischen Theorien entlehnen können.

Weil die Analyse in der Zeit stattfindet, nimmt man leicht an, daß der Patient, wenn er spricht, einen Sachverhalt beschreibt, der ebenfalls zeitlich »geordnet« ist; Patient und Analytiker neigen zu der Annahme, daß das Beschriebene in der Vergangenheit geschah. Dies verstellt den Blick darauf, daß wir in der *Gegenwart* leben; an der Vergangenheit können wir nichts ändern. Deshalb ist es ein schwerer Irrtum anzunehmen, daß wir uns mit der Vergangenheit beschäftigen. Das Projekt der Analyse ist deshalb so schwierig, weil eine sich ständig verändernde Persönlichkeit mit einer anderen sich ständig verändernden Persönlichkeit spricht. Doch die Persönlichkeit entwickelt sich nicht so, als wäre sie ein sich dehnendes Stück Gummiband. Vielmehr bildet sie wie eine Zwiebel viele verschiedene Häute aus. Dies unterstreicht die große Bedeutung des Faktors Zäsur, die Notwendigkeit, das, was als ein dramatischer Vorgang – beispielsweise die Geburt – erkannt wird oder als Erfolgsmöglichkeit oder als Zusammenbruch, zu durchdringen. Der Patient hat einen Aufbruch, Abbruch [breakup] oder Zusammenbruch, aber keinen Durchbruch. Manche Fassade ist erhalten geblieben dank des Unglücks, das sie zu einer triumphalen Ruine werden ließ.

Ich möchte auf die Idee vom Bewußten oder vom Unbewußten nicht verzichten; die vorhandenen Theorien sind wertvoll, wenn man sie richtig anwendet, um entweder selbst über eine Situation nachzudenken oder um jemand anderem die Situation zu erklären. Diese Ideen, die wir im Laufe einer Analyse hören, sind zwar nun freie Assoziationen, waren aber irgendwann Deutungen. Wir haben es mit mehreren Häuten zu tun, die Epidermis gewesen sind oder bewußt waren, nun aber »freie Assoziationen« sind.

Die Fähigkeit des Analysanden, von der Erfolgsmöglichkeit zu profitieren, die sich ihm eröffnet, ist ein Symptom der Penetration, die von der Situation, die Freud als intrauterin beschreibt, in die bewußte und post-zäsurale Situation hineinführt. Damit sage ich nicht, daß der Vorgang mit der dramatischen Episode der Geburt an sich zusammenhängt; ich sage vielmehr, daß die dramatische Situation, sofern man sie berücksichtigt, leichter als Modell für das Verständnis von weit weniger dramatischen Ereignissen benutzt werden kann, die immer wieder auftauchen, wenn der Patient vor die Notwendigkeit gestellt ist, von einem mentalen Zustand in einen anderen zu wechseln; oder wenn er, anders formuliert, ein Hindernis überwinden oder die Schicht zwischen verschiedenen Zuständen durchdringen oder aus einer scheinbar verheerenden Sachlage das beste machen muß. Da wir an dem dramatischen oder offensichtlichen äußeren Vorgang nichts ändern können, dient er uns zur Deutung des ganz und gar nicht offensichtlichen Ereignisses, die dann später zu einer freien Assoziation wird.

Ich möchte nun eine nicht-analytische Situation untersuchen, nämlich diejenige, in der sich der Patient mit Veränderungen seiner persönlichen Umstände auseinandersetzen und Entscheidungen treffen muß. Man kann diese Situation mit dem Brettspiel »Schlangen und Leitern« vergleichen. Entscheidet sich der Patient für einen Schlangenkopf, begibt er sich erneut in die scheinbar unglückliche Situation, die er beklagt und bedauert; gelangt er an den Fuß einer Leiter, stehen ihm mehrere Züge zur Auswahl, die ihn seinem endgültigen Ziel näherbringen – was er unter Umständen ebenfalls bedauern wird. Der Patient wird folglich durch jede Entscheidung, die er trifft, zu einer Neuanpassung an die Konsequenzen gezwungen. Somit hängt vieles davon ab, inwieweit er ein Opfer des Selbsthasses oder der Selbstliebe ist.

Die Situation des Analytikers gleicht insofern derjenigen des Analysanden, als er in einer Welt der Realität lebt, zu der auch die Analyse gehört. Deshalb muß er Entscheidungen treffen, was auch bedeutet, daß er unter Umständen schweigen muß, weil er keine Antwort weiß oder weil ihm keine angemessene Deutung einfällt; er kann es sich auch bequem machen und eine Deutung geben, die lediglich dazu dient, die Zeit herumzubringen.

Betrachten wir eine Entscheidung, vor der die meisten Menschen irgendwann stehen – ob sie jemandem einen Heiratsantrag machen oder einen Antrag annehmen sollen. In beiden Fällen müssen beide Beteiligte eine Entscheidung treffen. Ich zitiere aus Yeats Gedicht über ebendieses Dilemma, »Salomo und die Zauberin«:

Denn hat, damit Weh wirklich wehtat,
die Liebe zwar den Spinnenblick –
Ach, glüht er auch vor Leidenschaft –
Trifft jeden Nerv und prüft, die lieben,
Auf daß Geschick und Glück sie straft;
Und kann für die, die überlebten,
Verzweiflung selbst ins Brautbett münden,
Weil alle sich ein Wunschbild machen,
Um dort ein wirkliches zu finden [...][11]

---

[11] Zitiert nach: William B. Yeats, *Die Gedichte.* Hg. von N. Hummel. Übers. von M. Beyer und anderen. München (Luchterhand) 2005, S. 200ff.

Ebenso wie die Geburt ist auch die Heirat eine dramatische Zäsur; sie kann den Blick darauf verstellen, daß die Vorgänge zum Zeitpunkt der Heirat und danach von Vorgängen beeinflußt werden, die lange vorher stattfanden. Wie Freud es in bezug auf die Geburt formulierte, werden psychische Vorgänge des Patienten in hohem Maß von Vorgängen beeinflußt, die sich in Wirklichkeit intrauterin ereigneten. Im Hinblick auf die Theorie formuliert: Vorgänge, die im Schoß der Zeit liegen, tauchen irgendwann im bewußten Leben des Betreffenden auf, der dann in einer nun real gewordenen Situation agieren muß.

Es gibt unzählig viele verschiedene Zäsuren. Wie kann man sie passieren? Wir müssen uns noch einmal dem Übergangscharakter der freien Assoziation und der Deutung zuwenden. Sein Gegenteil ist die Situation, zu welcher der Patient oder der Analytiker am Ende gelangen möchte – das 100-Punkte-Feld des Schlangen-und-Leiter-Spielbretts. Auf dem Weg dorthin, der von einem Übergang zum nächsten führt, gibt es jede Menge Schlangen und Leitern. Jede freie Assoziation und jede Deutung steht für die Veränderung der Situation, die wir psychoanalysieren. Selbst die falsche Deutung bewirkt Veränderung; Fehlinformationen in Form unwahrer – bewußt unwahrer – Aussagen verändern die Situation. Wie schnell können wir uns der veränderten Situation bewußt werden, und wie schnell können wir begreifen, wie wir von der veränderten Situation profitieren können, obwohl sie uns nicht gewogen ist?

Die Aussicht auf die Hölle, in der wir mit hoher Wahrscheinlichkeit alte Freunde wiedertreffen werden, ist weniger furchterregend als die Aussicht auf den Himmel, für den uns das irdische Leben nicht angemessen vorbereitet hat. Dasselbe gilt indes für Entscheidungen, die immer wieder getroffen werden. Über unglückselige Entscheidungen kann man klagen; wie furchtbar wäre es, träfen wir niemals unglückselige Entscheidungen oder gäben wir niemals unglückselige Deutungen. In der Analyse müssen wir uns die Auseinandersetzung mit unglückseligen Entscheidungen, mit der Verwendung der falschen Entscheidung, zur Gewohnheit machen. So gesehen, ist die Frage der Heilung völlig irrelevant. Man sagt, daß die Engländer und Amerikaner alles gemeinsam haben außer der Sprache. Das gleiche könnte man vom Analytiker und vom Analysanden sagen: Die Sprache ist scheinbar die einzige vorhandene Kommunikationsmöglichkeit; gleichwohl ist sie auch das Einzige, das sie offenbar nicht miteinander teilen, weil sie wahrscheinlich unter verschiedenen Blickwinkeln sprechen. Ein Berg, den man von verschiedenen Kompaßpunkten aus betrachtet, *kann* erkennbar derselbe Berg sein; der Anblick kann jedoch auch so verschieden sein, daß es sich um unterschiedliche Berge zu handeln scheint. Denken wir an den Patienten, der sagt, daß er ein ernsthaftes Problem mit dem Erröten habe; in den Augen des Analytikers aber ist der Patient praktisch immer extrem blaß. Ist es möglich, daß der Patient, der keinesfalls erröten will, seinen Blutfluß so steuert, daß alles mögliche passiert, er aber nicht errötet – daß an die Stelle des Errötens diese große Blässe tritt? Ich behaupte nicht, daß ebendies der Fall ist, halte es jedoch für nützlich, solche »Ahnungen« oder »Vermutungen« als transitorische Aussage auf dem Weg zu einer Deutung anbieten zu können. Es ist wichtig, sich dieses transitorische Denken als Methode, zu einer Deutung – das heißt auch, zu einer sich augenblicklich verändernden Situation – zu gelangen, zur Gewohnheit zu machen; um der veränderten Situation Rechnung zu tragen, müssen in jedem Fall, ob die Deutung richtig war oder falsch, neue Deutungen gegeben werden.

Nehmen wir an, der Patient möchte nicht auf der Couch liegen; er nimmt in einem Sessel Platz, ist aber derart unruhig, daß er sich auf einen anderen Sessel setzen muß. Diese Unruhe kann eine Reaktion auf Sensationen sein, die im vegetativen System erzeugt wurden oder die auf die Stimulierung durch das ZNS (den unangenehmen Anblick von Sessel oder Couch) zurückzuführen sind. Das unruhige Verhalten könnte von Träumen zeugen, über die zu berichten der Patient nicht fähig ist oder über die er berichtet, ohne frei zu assoziieren. Freie Assoziationen wären unangemessen, wenn er nicht das gehabt hätte, was wir als Traum zu bezeichnen pflegen, sondern muskuläre Sensationen, die ihm eine schlaflose Nacht beschert haben.

Nachdem der Patient einen Traum hatte, der in Wahrheit eine sensorische Erfahrung war, muß er nun einen Traum finden, der dem, was der Analytiker seiner Meinung nach von ihm erwartet, eher entspricht. Häufig wird das Ausbleiben freier Assoziationen verraten, daß es kein normaler Traum war. Dies trifft insbesondere auf den Patienten zu, der Angst davor hat, psychotisch zu sein oder verrückt zu werden, und sich deshalb auf eine Weise benimmt und spricht, die er für neurotisch und für weniger bedenklich hält als eine Psychose. Oder aber er formuliert Aussagen, denen er nur geringe Bedeutung beimißt und von denen er hofft, daß der Analytiker sie für unwichtig halten wird; ein Beispiel ist der Patient, der über das Erröten klagt. Manche Patienten weisen wiederholt darauf hin, daß sie etwas ganz Bestimmtes empfinden oder wahrnehmen, und führen dann den Grund für ihr Erleben an – sie machen den Grund zum eigentlichen Kern ihrer Formulierung. Diese fortgesetzte Wiederholung läßt auf den Geisteszustand einer Person schließen, die ausschließlich in einer Welt der Kausalität lebt. Die einzige Welt, in der man Ursachen als herausragendes Merkmal bezeichnen kann, ist jedoch die Welt der *Dinge* – nicht die Welt der Menschen oder Charaktere oder Persönlichkeiten. Der Patient, der uns ständig sagt, daß er sich so und so fühle, »weil ...«, weicht einer spezifischen Beziehung aus, die zwischen zwei Charakteren besteht.

Wir müssen die gebräuchlichen Formulierungen – psychotisch, neurotisch, psychosomatisch und so weiter – abermals untersuchen, um auf der Basis unserer eigenen Erfahrung zu klären, wofür wir diese Dinge halten, wenn wir ihnen begegnen. Ein Patient mag über Kopfschmerzen klagen und eine Reihe plausibler, wahrscheinlich zutreffender Erklärungen vorbringen. *Rationale* Deutungen wären vielleicht angemessen, wenn sie die einzigen wichtigen wären; doch was dem menschlichen Geist zusagt, weil es logisch zu sein scheint oder weil es der uns zu Gebote stehenden Fähigkeit zu logischem Denken entgegenkommt, ist unter Umständen keineswegs die korrekte Deutung einer tatsächlichen Situation, welche den Horizont unseres Verstehens oder unserer Erfahrung übersteigt. Diese Erfahrung zu verzerren, um sie auf unsere Fähigkeiten zuzuschneiden, ist gefährlich. Andererseits ist es genauso gefährlich, wenn der Analytiker glaubt, daß Medizin, Kunst, Religion unzulänglich seien, um die tatsächlichen Phänomene der Realität zu beschreiben oder um uns ihre bewußte Wahrnehmung zu ermöglichen. Der Analytiker muß sich einer – hoffentlich – nicht-pathologischen Spaltungsmethode bedienen, weil die Gesamtsituation, die sich uns bietet, unsere Fähigkeiten ebenso überfordert, wie vermutlich die Fähigkeiten des Säuglings damit überfordert sind, die Welt, wie wir als Erwachsene sie kennen, auch nur ansatzweise zu verstehen. Der Säugling sieht naturgemäß einen *Teil* der realen Welt; diese spezifische Sicht ist nicht verkehrt – sie ist unzureichend. Wenn wir unsere Beobachtung allein auf das beschränken, was wir verstehen, berauben wir uns des Rohmaterials, von dem unsere gegenwärtige Gelehrsamkeit, unser gegenwärtiges Wissen und vielleicht auch künftige Gelehrsamkeit und künftiges Wissen abhängig sein könnten. Daß die gesamte Situation jetzt unbegreiflich ist, weil unser Geist nicht dafür geschaffen oder nicht hinlänglich ausgerüstet ist, sie zu begreifen, ist kein Grund, die tatsächlich zugänglichen Fakten einzugrenzen.

Die Spaltungen, die wir als Analytiker, als Erwachsene, vornehmen müssen, machen möglicherweise bestimmte Dinge sichtbar, die der Patient, das Kind oder der Säugling sehen kann und umgekehrt; sie sind für die Unterscheidung von ausschlaggebender Bedeutung. Man könnte dies als einen der Vorteile der Ehe bezeichnen: Die beiden Partner können ihre Unvollkommenheiten und auf diese Weise auch ihre Weisheit gewissermaßen poolen. In der Analyse sehen wir eine Gesamtpersönlichkeit, die sich irgendwann bewußt oder unbewußt für eine bestimmte Ansicht entschieden hat oder für einen bestimmten Blickwinkel, der ihr diese Ansicht zeigt. Dies bedeutet immer auch eine Hemmung der Fähigkeit, jene Ansichten zu sehen, die man nicht sehen möchte.

Der psychotische Patient setzt möglicherweise alles daran, das, was die gesunde Person zu sehen vermag, zu unterdrücken, sich dafür blind zu machen oder es nicht bewußt wahrzunehmen, die Persönlichkeit ist Psychose minus Neurose oder Psychose minus geistige Gesundheit oder geistige Gesundheit (Rationalität) minus Neurose oder minus Psychose. Wichtig ist nicht, daß ein Patient ein Borderline-Psychotiker ist oder ein Psychotiker oder ein Neurotiker, sondern daß er eine Gesamtpersönlichkeit *minus* ist; und dann müssen wir uns selbst ein Urteil darüber bilden, woran es dem Patienten fehlt, ob der Mensch, der beinahe wie eine Karikatur robuster Vernünftigkeit und Gesundheit wirkt, nicht in Wahrheit jemand ist, dem es an wichtigen Komponenten mangelt, weil er glaubt, daß ein Psychotiker »verrückt« oder »geisteskrank« sei oder daß andere ihn selbst für geisteskrank halten würden, wenn sie wüßten, daß er solche Gedanken oder Vorstellungen hat. Wir könnten Künstler, Musiker, Wissenschaftler, Entdecker als Menschen betrachten, die es gewagt haben, diese transitorischen Gedanken und Ideen zu hegen. Während des Übergangs, während des Wechsels von einer Position zur anderen, scheinen diese Menschen am anfälligsten dafür zu sein – so wie man zum Beispiel in der Adoleszenz oder Latenz besonders vulnerabel ist. Gleichzeitig sind sie der Beobachtung durch andere ausgesetzt, die die Gesamtheit der menschlichen Persönlichkeit nicht tolerieren können und deshalb niemanden tolerieren, der so »verrückt«, so »absonderlich«, so »exzentrisch« oder »geistig derart gesund« ist. Ich erinnere mich an einen Offizierskameraden in der Armee, der sich über »den gesunden Menschenverstand« eines anderen Offiziers beschwerte. Er sagte:»»Dank dieses Mannes habe ich begriffen, was die Redewendung ›vor Gesundheit strotzen‹ bedeutet; mir ist noch nie jemand begegnet, der dermaßen strotzt, wie er es tut, einfach weil er so gesund ist.« Auch wenn wir die Eifersuchts- und Neidgefühle gegenüber dem, was jemand zu sein vermag, in Rechnung stellen, spricht einiges dafür, die Feindseligkeit und Abwehr zu beachten, die das Geschöpf, das von uns selbst verschieden ist, in uns weckt oder die durch den Geisteszustand, der von unserem eigenen verschieden ist, oder durch unseren eigenen Geisteszustand, der sich erheblich von dem unterscheidet, den wir unseren Mitmenschen so gerne durchgängig präsentieren würden, in uns geweckt werden.

Damit sind wir wieder bei dem Problem angelangt, wie die Zäsur zu überwinden ist, wenn man von einem Geisteszustand in einen anderen wechselt; wie man die verschiedenen Hindernisse auf einer psychischen oder spirituellen Entwicklungsreise überwinden kann; ob man diese Hindernisse als pathologische Hindernisse ansehen soll, zu deren Beschreibung man auf die Terminologie der Pathologie angewiesen ist, oder ob sie in Wahrheit nicht-pathologisch sind. In der psychoanalytischen Erfahrung geht es sowohl darum, etwas, das wir nicht kennen, in etwas zu übersetzen, das wir kennen oder das wir kommunizieren können, als auch darum, etwas, das wir kennen und kommunizieren können, in etwas zu übersetzen, das wir nicht kennen und dessen wir uns nicht bewußt sind, weil es unbewußt ist, möglicherweise sogar der Geburt einer Psyche oder eines Seelenlebens vorgängig, doch gleichwohl Teil eines physischen Lebens ist, in dem auf irgendeiner Stufe ein physischer Impuls sofort in eine physische Aktion übersetzt wird. Diese transitorische Erfahrung des Wechsels von einem passiven in einen aktiven physischen Zustand kann sich sogar bei potentiell vernünftigen und artikulierten Personen zu erkennen geben. Können wir in den bewußten, rationalen Kommunikationsäußerungen Residuen von etwas entdecken, das einem in Wahrheit physischen Persönlichkeitsanteil entstammt? Manchmal bezeichnen wir es als psychosomatische Medizin; in anderen Situationen tritt es im mentalen Leben des Patienten nicht deutlich genug zutage, als daß wir erkennen könnten, daß es aus einem *in der Gegenwart* existierenden Anteil einer Person hervorgeht, obschon es möglicherweise in der Vergangenheit in primitiver Form im Bereich physischer Aktion existiert hat. Das bedeutet, daß wir die Hindernisse, die den psychoanalytischen Fortschritt, die Entwicklung der Beziehung zwischen Analytiker und Analysand, erschweren, unter einem anderen Blickwinkel betrachten und Phänomene untersuchen müssen, die sich in der realen analytischen Situation zeigen, aber gewöhnlich nicht in Begriffe, die in den Bereichen des artikulierten Sprechens oder artikulierten Denkens kommunizierbar wären, übersetzt wurden – möglicherweise nicht einmal vom Patienten selbst. Damit sage ich nicht, daß wir so etwas wie einen Migränekopfschmerz psychologisch interpretieren können. Dies ist eine der Schwierigkeiten jener Art von Kommunikation, die in Vorlesungen, Supervisionen, Diskussionen zwischen Kollegen stattfinden kann; eine Mutmaßung oder eine Ahnung oder ein Verdacht – wie ich ihn zum Beispiel ausspreche, wenn ich die Möglichkeit erläutere, daß die Anreicherung von Lichtmustern, die mit bestimmten Arten des Kopfschmerzes einhergeht, in Wirklichkeit pränatalen mentalen Schichten entstammt – bietet scheinbar eine einfache Erklärung für etwas, das extrem komplex ist; dadurch kann sich die Mutmaßung, die Ahnung, der Verdacht in der einzigen Situation, in der psychoanalytische Forschung durchgeführt werden kann – nämlich im Behandlungszimmer mit Patienten, die sich einer Analyse unterziehen wollen – als Beeinträchtigung oder als direktes Hindernis erweisen. Das, was ich als bloßen Verdacht oder als Mutmaßung formuliere, wird womöglich in eine Theorie verwandelt oder so gehandhabt, als könne es eins zu eins in eine Deutung übersetzt werden. In diesem Fall würde das, was ich sage, als Belastung und nicht als Guthaben zu Buche schlagen. Der Analytiker, der diese Abhandlung liest, muß in der Lage sein, sie zu vergessen und nicht mehr an sie zu denken, sofern der Analysand nicht irgend etwas sagt, das ihm das Gelesene erneut ins Bewußtsein ruft und ihn dadurch veranlaßt, es in der Sprache, die er selbst beherrscht, zu formulieren.

Hat diese Diskussion für einen Psychoanalytiker irgendeinen *praktischen* Wert? Ich fürchte, diese Frage womöglich dadurch provoziert zu haben, daß ich die Praxis und nicht die Theorie betont habe, womit ich nicht nur die Theorie der Psychoanalyse meine, sondern jede Theorie – die Theorie der Finanzwirtschaft, der Politikwissenschaft, der Mathematik, Malerei, Musik und so weiter. Das einzige Material, das ich studieren muß, ist ein menschlicher Charakter, der auch mich studieren und sich die Freiheit nehmen kann, meine Praxis zu verlassen, falls und wann es ihm beliebt. Da ich dies – aus Gründen der Höflichkeit und in Anerkennung der faktischen Lage – nicht tun kann, muß ich irgendeine Möglichkeit finden, die Person für ein Gespräch zu gewinnen, das sie zu tolerieren vermag, während ich das auftauchende Material beurteile. Ein Maler würde die Qualität der Leinwand einschätzen, auf der er seine Kunst ausübt; ein Bildhauer würde die Maserung des Holz- oder Marmorblocks begutachten, den er betrachtet; der Komponist würde es zulassen, daß sich sein »inneres« Auge auf die Anblicke – oder sein »inneres« Ohr auf die Laute – richtet, aus denen er diejenigen auswählt, die er dann in Musik verwandelt. In was soll der Psychoanalytiker seine Beurteilung der Person, die ihn aufsucht, professionell transformieren? In eine gelehrte Abhandlung? Eine Deutung? Ein gedrucktes Urteil?

Nehmen wir an, der Analysand beginnt allem Anschein nach zu weinen. Der Analytiker wird sich seines Potentials zum Mitleiden bewußt und sieht sich zur Zurückhaltung genötigt, weil seine Reaktionen – wie ein in Balsaholz eindringender Meißel aus gehärtetem Stahl – gar zu leicht ein Muster mit irreversiblen und unabänderlichen Folgen prägen könnten. Für den Analytiker haben die Tränen des Patienten Folgen; sie können Furchen in seiner Haltung hinterlassen, die nicht weniger dauerhaft sind als die Abschürfungen, die er seinem Patienten zuzufügen fürchtete. Deshalb muß er den Unterschied beachten, der im wirklichen Leben – nicht in der Theorie – zwischen »Tränen« und der »Feuchtigkeit« besteht, die aus der für ihn sichtbaren Oberfläche seines eigenen Körpers und des Körpers des Analysanden austritt.

Ich möchte Freuds Aussage wie folgt umformulieren: Die Quanten des vegetativen inneren Geschehens und die Wellen des bewußten Denkens und Fühlens bilden weit mehr ein Kontinuum, als uns die auffällige Zäsur von Übertragung und Gegenübertragung glauben läßt. Also ...? Untersuchen Sie die Zäsur, nicht den Analytiker, nicht den Analysanden, nicht das Unbewußte, nicht das Bewußte, nicht geistige Gesundheit, nicht Geisteskrankheit. Sondern die Zäsur, die Verbindung, die Synapse, die (Gegen-Über-)tragung, die transitorisch-intransitorische Stimmung.

An diesem Punkt kann ich in Ermangelung der Elemente, die noch nicht entdeckt oder ausgearbeitet wurden, nicht fortfahren. Mit dieser Entscheidung muß sich der Mensch immer dann begnügen, wenn ihm das benötigte Wissen nicht zur Verfügung steht.

Neu bei

Brandes &Apsel

Untersucht wird, welche innere Verfassung des Analytikers das psychische Wachstum seines Patienten sowie seine eigene psychische Weiterentwicklung zu fördern vermag. Dieser innere Zustand meidet das Verweilen bei Erinnerungen und Wünschen, um statt dessen zu einer neuen Verständnisebene zu gelangen, die psychische Veränderung erzeugt. Die vorrangige Beschäftigung mit Vergangenheit und Zukunft lenkt von der Intensität des gegenwärtigen Moments und seiner Wahrnehmung ab. Die Aufmerksamkeit für den Augenblick ist die Voraussetzung für seine Beobachtung, und nach Bion kann lediglich der Reichtum dieser Beobachtung dem Reichtum des Denkens Grenzen setzen.

Wilfred R. Bion

Aufmerksamkeit und Deutung

Veröffentlichungen des Klein Seminars Salzburg Band 6

160 S., Pb., € 18,-, ISBN 978-3-86099-570-9

Bitte fordern Sie auch unseren Psychoanalyseprospekt an: Brandes & Apsel Verlag
info@brandes-apsel-verlag.de • www.brandes-apsel-verlag.de

Brandes & Apsel

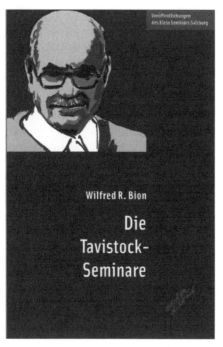

Wilfred R. Bion/Francesca Bion

Die Tavistock-Seminare

Veröffentlichungen des
Klein Seminars Salzburg Band 8

144 S., Pb., € 14,-, ISBN 978-3-86099-582-2

Zwischen 1976 und 1979 hat Wilfred R. Bion acht Seminare an der *Tavistock Clinic* gehalten, die nun erstmals in deutscher Sprache erscheinen. Diese Seminare wurden anhand von Videoaufzeichnungen rekonstruiert und von Francesca Bion herausgegeben.

Behandelt werden folgende Themen: die Bedeutung der Wahrnehmung, Träume, Kunst und Psychoanalyse sowie die Bedeutung der Zeit in der psychoanalytischen Behandlung. Abgerundet wird der Band durch ein Interview, das Antony G. Barnet mit Bion geführt hat.

In den neun Seminaren, die Wilfred R. Bion 1977 in Rom gehalten hat, erläutert er seine analytische Denkweise und beantwortet ausführlich die ihm gestellten Fragen.

Behandelt werden folgende Themen: Schwierigkeiten in der Beziehung zwischen Therapeut und Patient, Musik und Psychoanalyse, nonverbale Kommunikation im Behandlungszimmer und Methodologie in der Psychoanalyse.

Wilfred R. Bion/Francesca Bion

Die Italienischen Seminare

Veröffentlichungen des Klein Seminars Salzburg Band 9

144 S., Pb., € 14,-, ISBN 978-3-86099-583-9

Brandes
&Apsel

Gérard Bléandonu

Wilfred R. Bion

Leben und Werk

Veröffentlichungen des
Klein Seminars Salzburg Band 11

384 S., Pb., € 28,-, ISBN 978-3-86099-592-1

Bion ist einer der interessantesten und einflussreichsten Psychoanalytiker der letzten Jahrzehnte. Bléandonu hat die erste umfassende Biographie über ihn geschrieben, die nun endlich auch in deutscher Übersetzung vorliegt. Ausführlich schildert er Bions Lebenslauf, zeichnet seine persönliche und intellektuelle Entwicklung nach und erläutert sachkundig und sehr gut verständlich die Schlüsselkonzepte seiner Theorien: Arbeitsgruppen und Grundannahmegruppen, psychotische Prozesse, psychoanalytische Elemente, Funktionen, Raster, Epistemologie, katastrophische Veränderung, Suspendierung von Erinnerung und Wunsch, Mystik und »letzte Wahrheit«. Der Leser erhält einen Überblick über das gesamte Werk Bions.